これだけ知れば十分！

法人と個人の

新・事業承継

税制

税理士 奥村眞吾 [著]

清文社

# はじめに

　平成30年（2018年）、平成31年（2019年）と事業承継税制を取り巻く環境は大きく変わりました。

　まず、平成30年度税制改正では「非上場株式等の相続税・贈与税の納税猶予制度」が大きく改正されました。特例により、従来、発行済議決権株式総数の３分の２まで猶予対象株式だったのが100％猶予可となり、しかも納税猶予割合も100％となったことで、使い勝手は従来のものとは比べものにならないほどになりました。さらにはネックとなっていた雇用80％維持要件の事実上の撤廃や代表者以外からの贈与も納税猶予の対象となることになりました。この特例は、以前からの「一般措置」と異なり「特例措置」と呼ばれ、平成30年（2018年）１月１日から平成39年（2027年）12月31日までの時限措置であるとともに、平成30年（2018年）４月１日から平成35年（2023年）３月31日までの間に「特例承継計画」を都道府県に提出して確認を受け、贈与や相続の後に円滑化法の認定を受ける必要があります。いずれにしても100％納税猶予が可能となる画期的な新制度が誕生することになりました。

　さらに、平成31年度税制改正では、上記の非上場株式の納税猶予制度をより活用できるように一部改正を施したほか、今度は個人事業者の事業承継にスポットがあてられています。これは「個人事業者の事業用資産に係る贈与税・相続税の納税猶予制度」と呼ばれ、個人が事業用に使用していた土地、建物、車、減価償却資産、無形資産など「特定事業用資産」を贈与や相続により取得して事業を継続していく場合には、100％納税猶予特例の適用があるという新制度です。従来の事業用に供していた土地が400㎡まで80％減額される小規模宅地等の評価の特例と異なり、初めての大型個人事業承継優遇制度となります。この特例を受

けるためには、承継人（特例事業受贈者・特例事業相続人等）が平成31年（2019年）1月1日から平成40年（2028年）12月31日までの間に贈与・相続により特定事業用資産を取得しなければならないのと、平成31年（2019年）4月1日から平成36年（2024年）3月31日までの間に「承継計画」を都道府県に提出していなければなりません。医師、士業なども含め、個人事業主は必見です。

　本書は、以上のような新税制をわかりやすく簡潔にまとめ、できるだけ図表や設例を用いて解説しています。

　これらの新税制は、内容的に深掘りすれば、かなり複雑な制度でもありますので、これだけ知れば十分という程度にまとめ上げています。

　最後に、原稿を辛抱強く待っていただいた清文社の小泉定裕社長をはじめ、編集部の方々に感謝を申し上げます。本書が少しでも読者の皆様のお役に立てば、望外の喜びとするところです。


　2019年3月

奥村　眞吾

## 目次
# CONTENTS

### 第1章 ::: 中小企業の現状と経営承継の円滑化
#### ― 納税猶予制度の背景 ―

**1 中小企業の現状** ……………………………………………… 1

**2 経営承継円滑化法による支援措置** ……………………… 3

(1) 遺留分に関する民法の特例 ……………………………… 3

(2) 金融支援 ……………………………………………………… 4

(3) 非上場株式等の贈与税・相続税の納税猶予 ………… 5

### 第2章 ::: 従来からの非上場株式等の
### 贈与税・相続税の納税猶予制度（一般措置）

**1 非上場株式等の贈与税の納税猶予および免除**

**（一般措置）** ……………………………………………………… 7

**2 非上場株式等の相続税の納税猶予および免除**

**（一般措置）** ……………………………………………………… 9

### 第3章 ::: 創設された非上場株式等の贈与税・相続税の
### 納税猶予の特例措置

**1 新しい事業承継税制の特例措置と従来からの措置と**

**の違い** …………………………………………………………… 12

**2 平成30年度税制改正のポイント** ……………………… 13

(1) 対象株式を全株に ………………………………………… 13

(2) 相続時の猶予対象となる評価額が80%から100%に ……… 14

(3) 雇用確保要件（5年平均80%）の実質的撤廃 ………… 16

i

| ⑷ | 複数の株主からの贈与が可能に | …………………………………………… | 17 |
|---|---|---|---|
| ⑸ | 贈与される後継経営者は3名まで拡大 | ……………………… | 21 |
| ⑹ | 相続人以外でも相続時精算課税制度の適用可能 | ………… | 22 |
| ⑺ | 事業の継続が困難な事由が生じた場合の減免 | …………… | 23 |
| ⑻ | 「特例承継計画」の提出期限 | ……………………………………… | 26 |
| ⑼ | 特例措置の贈与期間は10年 | ……………………………………… | 26 |

# 第4章 特例措置を適用するための要件

| ⑴ | 中小企業者でないと適用できない |  |  |
|---|---|---|---|
|  | ―医療法人等は対象外― | ……………………………………… | 29 |
| ⑵ | 従業員の要件とは |  |  |
|  | ―外国子会社があると要注意― | ……………………………… | 29 |
| ⑶ | 資産管理会社に該当しないこと |  |  |
|  | ―5人以上の従業員でクリア― | ……………………………… | 30 |
| ⑷ | 上場していない株式であること |  |  |
|  | ―5年以内に上場しないことにも注意― | ………………… | 34 |
| ⑸ | 風俗営業会社であってはならない |  |  |
|  | ―性風俗は対象外、パチンコは対象― | …………………… | 35 |
| ⑹ | 総収入金額がゼロを超えること | ……………………………… | 35 |
| ⑺ | 黄金株を後継者以外の者が有していないこと | ………… | 35 |
| ⑻ | 現物出資規制 | ……………………………………………………… | 36 |
| ⑼ | 納税猶予額計算の場合の株式評価額 | ……………………… | 36 |

# 第5章 税理士等が関与する 「認定経営革新等支援機関」とは

| 1 | 経営承継円滑化法の認定 | ……………………………………… | 40 |
|---|---|---|---|

2　認定経営革新等支援機関とは ……………………………………… 40

(1) 認定経営革新等支援機関の業務 ……………………………… 41

(2) 主務大臣の認定……………………………………………… 42

(3) 認定要件……………………………………………………… 42

(4) 税理士法人は認定されるのか ……………………………… 44

(5) 認定申請……………………………………………………… 45

# 第6章　創設された贈与税の納税猶予制度の特例措置の活用ポイント

1　**まず特例承継計画を策定する** ─特例措置を適用する

しないに関わらず策定を─ …………………………………… 49

2　**贈与をする** ─受贈者は３年以上役員を継続─ ………… 49

(1) 非上場株式等の取得株数要件（特例措置）

─後継者は２/３以上保有が原則─ ……………………… 50

(2) 会社の主な要件……………………………………………… 52

(3) 後継者である受贈者の主な要件

─適用後特例後継者は変更不可─ ……………………… 53

(4) 贈与者の要件………………………………………………… 53

(5) 複数の贈与者から特例後継者（１名）への贈与の具体例

─まず先代経営者が後継者に贈与しないとはじまらない─

………………………………………………………………… 54

(6) ３人の後継者に贈与する場合の具体例

─先代経営者は一括同時に贈与しなければならない─ … 57

(7) 親族以外の者が後継者になる場合

─先代経営者が亡くなると他人であっても親族の相続税申告

に参加─ ……………………………………………………… 59

iii

| 3 | 担保の提供 —株式を担保にして適用— | 60 |
|---|---|---|
| 4 | 贈与税の申告 —期限内申告を厳守— | 61 |
| 5 | 納税猶予の場合の贈与税の計算方法 | 62 |
| 6 | 納税猶予期間中の注意点 —会社の株式を1株でも移動させると猶予取消し— | 65 |
| (1) | 納税が猶予されている贈与税を納付する必要がある場合 | 66 |
| (2) | 納税猶予期間中 —継続届出書を必ず提出— | 69 |
| (3) | 納税猶予期間中 (申告期限後5年間経過後) | 70 |
| (4) | 猶予されている贈与税の納付が免除される場合 | 70 |
| 7 | 納税猶予の特例活用によって相続人間でモメないために | 78 |
| (1) | 遺留分とは | 79 |
| (2) | 民法の特例 | 81 |

## 第7章 創設された相続税の納税猶予制度の特例措置の活用ポイント

| 1 | まず承継計画の策定をする —特例措置を適用するしないに関わらず策定を— | 86 |
|---|---|---|
| 2 | 相続の開始 (8か月以内に認定申請) —期限内に遺産分割するため遺言書が必須— | 86 |
| (1) | 相続開始後の被相続人の要件 | 86 |
| (2) | 相続開始後の特例後継者の要件 | 89 |
| 3 | 相続税の申告 —期限内申告を厳守— | 90 |
| (1) | 期限内申告 | 90 |

| (2) | 遺産分割 …………………………………………………………… | 90 |
| (3) | 添付書類および記載事項 ………………………………………… | 90 |

**4　納税猶予がある場合の相続税の計算方法** ………………… 91

**5　申告期限後5年間の注意点**
　　**—資産管理会社に該当した場合は6か月以内に脱出する—**
　　…………………………………………………………………………… 93

| (1) | 納税が猶予されている相続税を納付する必要がある | |
| | 場合 ……………………………………………………………… | 94 |
| (2) | 納税猶予期間中………………………………………………… | 98 |
| (3) | 納税が猶予されている相続税の納付が免除される場合 … | 98 |

**6　経営環境の変化(悪化)に対応した免除**
　　**—連続赤字など—** …………………………………… 100

| (1) | 赤字 ……………………………………………………………… | 103 |
| (2) | 売上減少 ………………………………………………………… | 103 |
| (3) | 有利子負債 ……………………………………………………… | 104 |
| (4) | 同一業種株価下落 ……………………………………………… | 105 |
| (5) | 特段の理由 ……………………………………………………… | 105 |

**7　免除税額** ………………………………………………………… 107

**8　相続時精算課税制度の直系卑属以外への適用**
　　**—後に問題を残す可能性あり—** ……………………… 114

| (1) | 相続時精算課税制度とは ……………………………………… | 114 |
| (2) | 相続時精算課税制度の概要 …………………………………… | 115 |
| (3) | 平成30年度改正………………………………………………… | 115 |

**9　利子税の計算** ………………………………………………… 116

**10　担保の提供 —株式を担保にして適用—** ……………… 117

| (1) | 株券発行会社等………………………………………………… | 117 |

v

| (2) | 株券不発行会社等 ……………………………………………… | 118 |
| (3) | 持株会社（合名会社、合資会社、合同会社）……………… | 118 |

## 第8章 個人事業者の新・事業承継税制

### 1 平成31年度改正で事業用資産の100%が贈与税・相続税の納税猶予可能に …………………………………………………… 119

### 2 個人事業者の事業用資産に係る贈与税の納税猶予制度の創設 ……………………………………………………………… 121

| (1) | 新制度の概要………………………………………………… | 121 |
| (2) | 特例事業受贈者の要件 ……………………………………… | 122 |
| (3) | 猶予税額の計算方法 ………………………………………… | 123 |
| (4) | 猶予税額の免除（全額免除）……………………………… | 125 |
| (5) | 猶予税額の一部免除 ………………………………………… | 125 |
| (6) | 納税猶予の打ち切り ………………………………………… | 125 |

### 3 個人事業者の事業用資産に係る相続税の納税猶予制度の創設 ……………………………………………………………… 126

| (1) | 新制度の概要………………………………………………… | 126 |
| (2) | 個人事業者の対象業種 ……………………………………… | 127 |
| (3) | 10年間の時限措置 …………………………………………… | 128 |
| (4) | 特定事業用資産………………………………………………… | 129 |
| (5) | 猶予税額の計算………………………………………………… | 130 |
| (6) | 猶予税額の免除（全額免除）……………………………… | 132 |
| (7) | 猶予税額の一部免除 ………………………………………… | 133 |
| (8) | 猶予税額の納付 ……………………………………………… | 134 |
| (9) | 利子税の納付………………………………………………… | 134 |
| (10) | その他 ………………………………………………………… | 135 |

## 参考資料 「特例承継計画」提出手続関係

| | | |
|---|---|---|
| 資料１ | 特例承継計画に関する指導及び助言を行う機関における事務について | 138 |
| 資料２ | 中小企業庁「特例承継計画」（記載例１）サービス業 | 148 |
| 資料３ | 中小企業庁「特例承継計画」（記載例２）製造業 | 152 |
| 資料４ | 中小企業庁「特例承継計画」添付書類 | 157 |

## 参考資料 特例の認定申請関係

| | | |
|---|---|---|
| 資料５ | 第一種特例贈与認定申請書の記載例 | 161 |
| 資料６ | 第一種特例相続認定申請書の記載例 | 170 |

※　本書の内容は、平成31年３月１日現在の法令及び平成31年度税制改正法案等によっています。

※　本書では、適用期間等につき原則として法令に基づき和暦で表記しています。2019年（平成31年）５月以後は改元されますので、適宜読み替えをお願いします。

第1章

# 中小企業の現状と経営承継の円滑化
## ― 納税猶予制度の背景 ―

## 1　中小企業の現状

　現在、中小企業を取り巻く現状で、最も重要性が高いのが事業承継問題です。中小企業は我が国企業数の約99％（小規模事業者は約85％）、従業員数の約70％（小規模事業者は約24％）を占めており、地域経済・社会を支える存在として、あるいは雇用に関しても極めて大きい役割を担っています。

　大きな危惧は、経営者の高齢化が進んでいることで、経営者交代率は長期にわたって下落傾向にあり、昭和50年代に平均5％であった経営者交代率は、最近は3％を大きく下回るようになっています。

　中小企業白書によれば、中小企業の数は1999年（平成11年）から2015年（平成27年）までの間に約100万社も減少しており、今なお緩やかでありますが中小企業の減少は続いています。

■経営者の平均年齢と交代率

（出典：中小企業庁「事業承継ガイドライン」）

また、60歳以上の経営者の約半数が廃業を予定しており、廃業理由は下図のとおりです。

■廃業予定企業の廃業理由

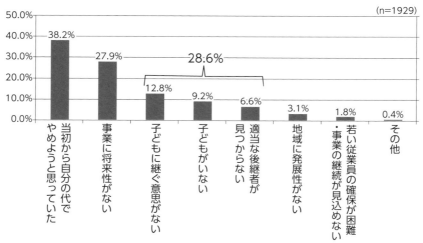

（出典：中小企業庁「事業承継ガイドライン」）

第1章 中小企業の現状と経営承継の円滑化—納税猶予制度の背景—

　前図のように28.6％が「適当な後継者が見つからない」との廃業理由
です。この背景には、息子、娘の職業選択の自由の尊重や自社の将来性
が不透明などの事業承継に伴うリスクに対する不安の増大などの事情が
あると推測されています。しかし廃業予定企業であっても、30％の経営
者が同業他社よりも良い業績を上げているといい、40％の経営者が少な
くとも現状維持は可能と回答しています。このような企業が円滑に事業
承継を行うことができれば、次世代に技術やノウハウを確実に引き継ぐ
とともに、雇用を確保し、地域における経済活動への貢献にもつながり
ます。

## ２　経営承継円滑化法による支援措置

　平成20年10月１日に「中小企業における経営の承継の円滑化に関する
法律」が施行されました。

　この法律は、多様な事業の分野において特色ある事業活動等を行い、
多様な就業の機会を提供すること等により我が国の経済の基盤を形成し
ている中小企業について、「代表者の死亡等」に起因する経営の承継が
その事業活動の継続に影響を及ぼすことに鑑み、「遺留分」に関し民法
の特例を定めるとともに、中小企業者が必要とする「資金」の供給の円
滑化等の支援措置を講ずることにより、中小企業の事業活動の継続を目
的として制定されました。

　この経営承継円滑法に規定されている大きな柱は、次の３つです。

---

　(1)　遺留分に関する民法の特例
　(2)　金融支援
　(3)　非上場株式の贈与税・相続税の納税猶予

---

## (1)　遺留分に関する民法の特例

　先代経営者が保有する自社株や事業用資産をその事業を引き継ぐ子が

3

贈与や相続で取得した場合、他の相続人から遺留分を侵害されたとして遺留分減殺請求を受けるリスクがあります。生前贈与された自社株の遺留分算定基礎財産に算入すべき価額は、贈与時ではなく相続開始時を基準とする評価額です。そのため自社株式の価額が、その後継者の努力によって相続時まで上昇した場合には、後継者以外の相続人の遺留分も増加することになります。そこで、それらの制約を解決するために、次の2つの民法の特例が創設されました（詳しくは81ページ以降参照）。

(注) 統計資料によれば、この特例の利用者は平成28年までの8年間に延べ141件。

① 後継者が先代経営者からの贈与等により取得した自社株式の価額を遺留分算定基礎財産に算入しない（除外合意）

② 遺留分算定基礎財産に算入すべき価額を予め固定すること（固定合意）

## (2) 金融支援

金融支援措置の適用を受けるためには、都道府県知事の認定を受けることが必要です。金融支援が必要なのは、経営の承継における資金需要からです。

---

① 多額の資金需要の発生
　・相続に伴い分散した株式や事業用資産の買取り等に多額の資金が必要となる。
　・株式や事業用資産について、多額の相続税納税資金が必要となる。
　・MBOなど企業買収の場合には多額の株式買取り資金が必要となる。
② 信用状態の低下による資金需要の発生
　・経営者の交代により信用状態が悪化し、銀行の借入条件や取引先の支払条件が厳しくなる。

---

そうしたことから、経済産業大臣の認定を受けた中小企業者に対し、①中小企業信用保険法の特例、②株式会社日本政策金融公庫法および沖

縄振興開発金融公庫法の特例による金融支援措置を講じることとしています。

---

① 中小企業信用保険法の特例
　信用保険の拡大（別枠化）が措置されています。
　・株式、事業用資産等の買取り資金
　・一定期間の運転資金等の資金調達を支援
② 株式会社日本政策金融公庫法および沖縄振興開発金融公庫法の特例
　代表者個人に対する融資を実施します。
　・株式、事業用資産等の買取り資金
　・相続税、遺留分減殺請求への対応資金等の資金調達を支援
（注）　特別利率を適用

---

## (3) 非上場株式等の贈与税・相続税の納税猶予

　この制度は、贈与税の納税猶予制度と相続税の納税猶予制度の2つからなります。

　後継者が、非上場会社を経営していた先代経営者から贈与や相続により、その会社の株式等を取得し、その会社を経営していく場合には、その後継者が納付すべき税額のうち、贈与や相続により取得した議決権株式の総数の3分の2に達するまでの部分に係る課税価格の80％に対応する相続税（贈与の場合は100％）の納税が猶予されるという制度です。

　中小企業といえども大企業に迫る勢いのある会社の評価（財産評価基本通達による評価）は高く、安定的な経営の継続に支障が出ていたため措置されました。

　平成22年度、平成23年度に改正され、特に平成25年度の改正では、①贈与税の納税猶予での先代経営者の役員退任要件の緩和（代表を降りるだけでよく取締役に留任できる）、②雇用維持要件の緩和（毎年8割維

持から5年平均で8割維持）、③事前確認制度の廃止など、大幅に適用要件が見直されました。

さらに、平成29年度改正では、①小規模事業者の雇用要件の緩和、②贈与税納税猶予取消時の負担軽減措置の見直し（相続時精算課税制度との併用可）、③贈与者死亡時の認定要件の緩和（中小企業者等要件の廃止）、④災害時の雇用要件の緩和（セーフティネット規定）がありました。

適用件数は、下表のように平成27年には増えましたが、6年間の合計で見ると、贈与税は800人弱、相続税も800人弱しか納税猶予制度の適用者がいません。中小企業数から見ればコンマ以下のパーセンテージです。

これは、猶予を継続させるための要件が厳しく、申告期限後5年間の事業継続に不安が残るからだろうと推測されますが、平成30年度の改正により、適用件数の大幅な増加が期待されます。

■納税猶予の適用件数（直近6年分）

|  | 贈与税の納税猶予の適用件数 | | 相続税の納税猶予の適用件数 | |
|---|---|---|---|---|
|  | 人員（人） | 金額（百万円） | 人員（人） | 金額（百万円） |
| 平成23年 | 77 | 7,654 | 51 | 2,227 |
| 平成24年 | 72 | 4,485 | 81 | 6,693 |
| 平成25年 | 78 | 4,754 | 110 | 6,700 |
| 平成26年 | 43 | 4,941 | 127 | 6,413 |
| 平成27年 | 270 | 26,567 | 224 | 14,813 |
| 平成28年 | 227 | 17,602 | 194 | 9,865 |

（出典：国税庁統計資料）

# 第2章

# 従来からの非上場株式等の
# 贈与税・相続税の納税猶予制度
# （一般措置）

　この制度は、相続税の重すぎる負担が理由となるような中小企業の廃業を食い止め、雇用機会の確保と固有技術の承継などが目的とされています。

　「中小企業における経営の承継の円滑化に関する法律」（以下「円滑化法」といいます。）の制定を踏まえ、平成21年度の税制改正において、以下の内容を骨子とする事業後継者を対象とした「非上場株式等についての贈与税・相続税の納税猶予制度」が創設されました。

　この制度は、経営承継相続人が、非上場会社を経営していた被相続人から相続等によりその会社の株式等を取得し、その会社を経営していく場合には、その経営承継相続人が納付すべき相続税額のうち、相続等により取得した議決権に制限のない議決権株式等（相続開始前から既に保有していた議決権株式等を含めて、その会社の発行済議決権株式の総数等の3分の2に達するまでの部分）に係る課税価格の80％に対応する相続税の納税が猶予されるという制度です。

　この従来からの制度は、平成30年度税制改正で、「一般措置」として位置付けられました。

## 1　非上場株式等の贈与税の納税猶予および免除（一般措置）

　後継者である受贈者が、贈与により、円滑化法の認定を受ける非上場会社の株式等を贈与者（先代経営者）から全部又は一定以上取得し、その会社を経営していく場合には、その後継者が納付すべき贈与税のうち、

その株式等（一定の部分に限ります。）に対応する贈与税の全額が猶予され、先代経営者の死亡等により納税が猶予されている贈与税の納付が免除されます。

① 適用対象株式

　先代経営者から後継者が贈与により取得した自社の議決権株式のうち、**発行済議決権株式総数の2/3に達するまで**

② 納税猶予額

　適用対象株式に係る**贈与税の全額**

③ 贈与者

　先代経営者（**複数株主**）

（注）平成30年度税制改正により、複数の株主からの贈与が納税猶予の対象となりました。

④ 受贈者

　後継者（**1人**）

⑤ 適用要件

　イ　会社の主な要件

　・中小企業者であること

　・資産保有型会社、資産運用型会社に該当しないこと

　・風俗営業会社でないこと

　ロ　先代経営者の主な要件

　・会社の代表者であったこと

　・贈与直前まで、先代経営者の同族で過半数の議決権を有し、同族内（後継者を除く）で筆頭株主であったこと

　・贈与時までに代表者を退任すること

　・贈与時に保有する自社株式を一括贈与すること

　ハ　後継者の主な要件

　・贈与時において、会社の代表者であること

・贈与直後、後継者の同族で過半数の議決権を有し、同族内で筆頭
　　　株主であること

　　・贈与時に20歳以上かつ３年以上継続して役員であること

⑥　取消事由

　イ　５年間の経営承継期間のみ、次の要件を満たさないとき

　　・後継者が会社の代表者であること

　　・**従業員数の80％以上を５年間平均で維持**すること

　　・後継者が同族内で筆頭株主であること

　ロ　５年間の経営承継期間以降も、次の要件を満たさないとき

　　・猶予対象となった株式を継続保有していること

　　・資産保有型会社、資産運用型会社に該当しないこと等

⑦　免除事由

　　・先代経営者が死亡したこと

　　・２代目から３代目へ納税猶予制度を適用して適用対象株式を贈与し
　　　たこと

⑧　再計算事由

　　・当該株式の全部譲渡

　　・会社の倒産、解散等

## 2　非上場株式等の相続税の納税猶予および免除（一般措置）

　後継者である相続人等が相続により、円滑化法の認定を受ける非上場
会社の株式等を被相続人（先代経営者）から取得し、その会社を経営し
ていく場合には、その後継者が納付すべき相続税のうち、その株式等
（一定の部分に限ります。）に係る課税価格の80％に対応する相続税の納
税が猶予され、後継者の死亡等により、納税が猶予されている相続税の
納付が免除されます。

① 適用対象株式

　先代経営者から後継者が相続により取得した議決権株式のうち、**発行済議決権株式総数の2/3**に達するまで

② 納税猶予額

　①の適用対象株式に係る相続税の**80%相当額**

③ 被相続人

　先代経営者（複数株主）

(注) 平成30年度税制改正により、複数の株主からの相続が納税猶予の対象となりました。

④ 相続人

　後継者（1人）

⑤ 適用要件

　イ　会社の主な要件
　・中小企業者であること
　・資産保有型会社、資産運用型会社に該当しないこと
　・風俗営業会社でないこと

　ロ　先代経営者の主な要件
　・会社の代表者であったこと
　・相続直前まで、先代経営者の同族で過半数の議決権を有し、同族内で筆頭株主であったこと

　ハ　後継者の主な要件
　・相続時から5か月経過する日において、会社の代表者であること
　・相続直後、後継者の同族で過半数の議決権を有し、同族内で筆頭

株主であること

・被相続人が60歳以上の場合には、相続直前に役員であること

⑥　取消事由

イ　5年間の経営承継期間のみ、次の要件を満たさないとき

・後継者が会社の代表者であること

・従業員数の80％以上を5年間平均で維持すること

ロ　5年間経過後の経営承継期間以降も、次の要件を満たさないとき

・猶予対象となった株式を継続保有していること

・資産保有型会社、資産運用型会社に該当しないこと等

⑦　免除事由

・後継者が死亡したこと

・2代目から3代目へ納税猶予制度を適用して適用対象株式を贈与したこと

⑧　再計算事由

・当該株式の全部譲渡

・会社の倒産、解散等

# 創設された非上場株式等の
# 贈与税・相続税の納税猶予の特例措置

## 1 新しい事業承継税制の特例措置と従来からの措置との違い

　従来からの事業承継税制とは別に、10年間限定の「非上場株式等に係る贈与税・相続税の納税猶予の特例措置」が創設されました。

> **適用関係** 平成30年（2018年）1月1日から平成39年（2027年）12月31日までの間に贈与等により取得する財産に係る贈与税または相続税について適用されます。

■相違点一覧

|  | 一般措置（従来からの措置） | 特例措置 |
| --- | --- | --- |
| ①対象株式 | 発行済議決権株式総数の3分の2 | 全株 |
| ②相続時の猶予対象評価額 | 80％ | 100％ |
| ③雇用確保要件 | 5年平均80％維持 | 事実上撤廃 |
| ④贈与者等 | 複数株主<br>（改正前は先代経営者のみ） | 複数株主 |
| ⑤後継者 | 後継経営者1人のみ | 後継経営者3名まで<br>（最低10％以上） |
| ⑥相続時精算課税の適用 | 推定相続人等後継者のみ | 推定相続人等以外も適用可 |
| ⑦事業の継続が困難な事由が生じた場合の減免 | なし | あり |
| ⑧特例承継計画提出期間 | － | 平成30年4月1日から5年間 |
| ⑨特例承継計画の提出 | 不要 | 要 |
| ⑩適用期限 | なし | 平成30年1月1日から<br>平成39年12月31日 |

## 2　平成30年度税制改正のポイント

### (1) 対象株式を全株に

特例後継者（注1）が特例認定承継会社（注2）の代表権を有していた者から、贈与または相続もしくは遺贈により当該特例認定承継会社の非上場株式を取得した場合には、その取得した全ての非上場株式等に係る課税価格に対応する贈与税または相続税の全額について、その特例後継者の死亡の日等までその納税が猶予されます。

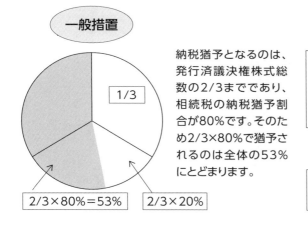

(注1)　**特例後継者**……特例認定承継会社の**特例承継計画**（注3）に記載された当該特例認定承継会社の代表権を有する後継者（同族関係者と合わせて当該特例認定承継会社の総議決権数の過半数を有する者に限ります。）であって、当該同族関係者のうち、当該特例認定承継会社の議決権を最も多く有する者（当該特例承継計画に記載された当該後継者が2名または3名以上の場合には、当該議決権数において、それぞれ上位2名または3名の者（当該総議決数の10％以上を有する者に限ります。）をいいます。
(注2)　**特例認定承継会社**……平成30年（2018年）4月1日から平成35年（2023年）3月31日までの間に特例承継計画を都道府県に提出した会社であって、中小企業における経営の承継の円滑化に関する法律第12条第1項の認定を受けたものをいいます。
(注3)　**特例承継計画**……認定経営革新等支援機関の指導および助言を受けて会

社が作成した計画であって、当該会社の後継者や承継時までの経営見通し等が記載されたものをいいます。

（注4）　認定経営革新等支援機関……第5章参照

## (2) 相続時の猶予対象となる評価額が80%から100%に

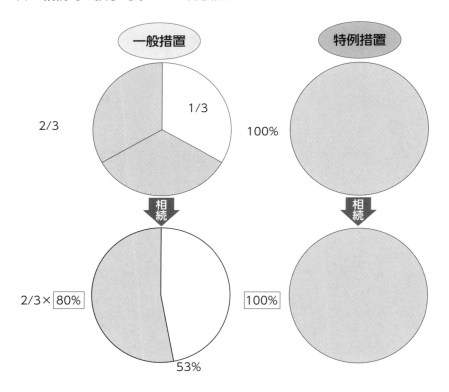

　相続税の納税猶予の計算対象となるのは、事業承継税制の一般措置では適用対象となる株式の評価額の80％に相当する金額に対応する相続税額です。特例措置では適用対象となる株式の評価額の100％に相当する金額に対応する相続税が猶予されます。

# 第3章 創設された非上場株式等の贈与税・相続税の納税猶予の特例措置

【例】900株（全部）所有で評価額総額9億円のA社のオーナーが事業承継税制を適用する場合、一般措置では納税猶予適用対象となる株式は3分の2が限度であり、さらに相続時の納税猶予適用対象となる株式の評価額の80％が猶予される。

(3) 雇用確保要件（5年平均80％）の実質的撤廃

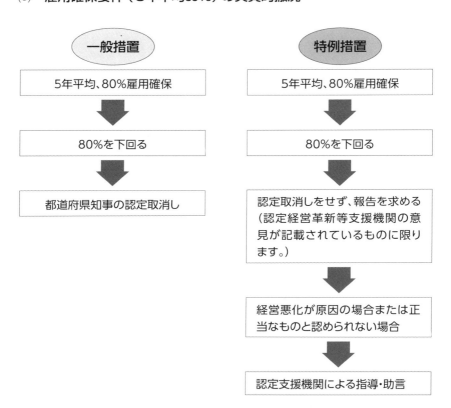

　事業承継の適用要件の大きな関門に、雇用確保要件があります。常時使用する従業員数が5年平均で80％を下回らないこととする要件です。80％を下回ると納税猶予の取消しとなり、猶予税額の納付が必要となり、利子税を含め大変なことになります。

　平成30年度税制改正により、この雇用確保要件が大きく見直されることになりました。

　特例措置では、この80％の雇用確保要件を満たさない場合でも、**認定経営革新等支援機関の意見が記載されている**「雇用確保要件を満たせな

い理由」を記載した書類を都道府県に提出していれば、納税納税猶予の取消しとはなりません。

なお、その理由が、経営状況の悪化である場合または正当なものと認められない場合には、特例認定承継会社は、認定経営革新等支援機関から指導および助言を受けて、当該書類にその内容を記載すれば猶予取消しとはならなくなりました。つまり、以上のようにすれば雇用確保要件が満たされたことになり、要件の実質上の撤廃となりました。このように最大の難関の雇用確保要件の形骸化により、非上場株式等の贈与税・相続税の納税猶予の特例制度は利用されやすくなったといえます。

(4) **複数の株主からの贈与が可能に**

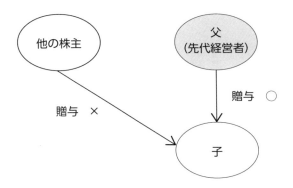

改正前の事業承継税制では、代表者であった同族関係者間で筆頭株主である先代経営者からの贈与に限定されていました。平成30年度改正により、後継者が特例認定継承会社の代表者以外の者から贈与等により取得するその会社の非上場株式についても、**特例承継期間**（5年）内に当該贈与等に係る申告書の提出期限が到来するものに限り、事業承継税制の対象とされます。

例えば、先代経営者である父からの贈与に限られていたのが、経営にまったくタッチしていなかった母からの贈与も、叔父からの贈与や兄からの贈与も可能となります。なお、一般措置においても、複数の贈与者

からの贈与も対象とされます。

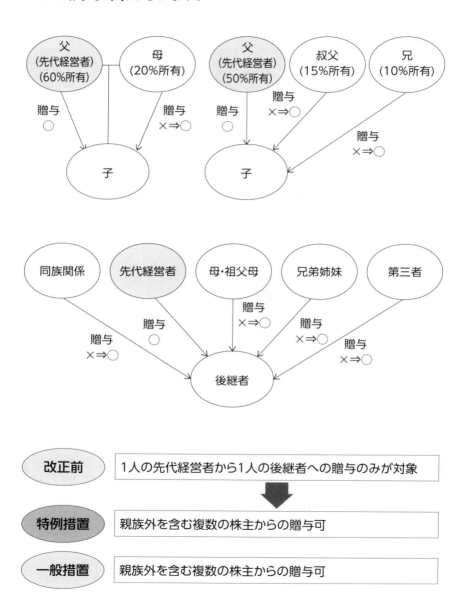

**第3章** 創設された非上場株式等の贈与税・相続税の納税猶予の特例措置

① 認定の種類（先代経営者以外からの贈与等は第二種）

（例）

STEP 1　最初に先代経営者からの移転が行われている必要があります。
⇨「第一種」認定

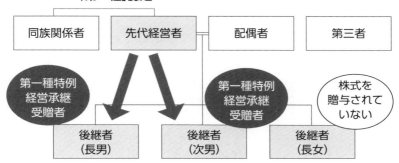

STEP 2　先代経営者からの贈与/相続以後、一定の期間内に行われた先代経営者以外の株主からの贈与/相続も対象となります。
⇨「第二種」認定

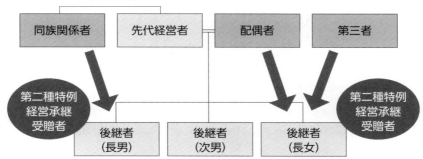

・長男は、第一種特例経営承継受贈者であり、かつ、第二種特例経営承継受贈者となります。
・長女は、第二種特例経営承継受贈者となります。

19

② 異なる贈与者からの贈与は同時に行う必要はない

　後継者が特例認定承継会社の代表者（先代経営者）以外の者からの贈与等により取得する当該会社の株式については、先代経営者からの贈与等に係る認定の有効期間内に当該贈与等に係る申告書の提出期限が到来するものに限り特例の対象となります。

　先代経営者以外の株主等からの贈与について、特例措置の適用を受けることができる期間は以下のとおりです。ただし、この期間内であったとしても、その会社が受けた認定の全てが取り消されているときは対象となりません。

　なお、先代経営者からの贈与（第一種特例贈与）や相続（第一種特例相続）と、先代経営者以外の株主等からの贈与（第二種特例贈与）は、同日であっても適用可能ですが、先代経営者からの贈与・相続が先に行われている必要があります。

■先代経営者が贈与で株式を承継していた場合

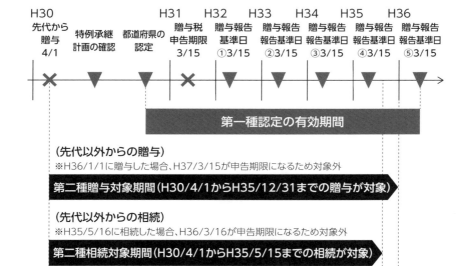

第3章　創設された非上場株式等の贈与税・相続税の納税猶予の特例措置

## (5) 贈与される後継経営者は3名まで拡大

一般措置では適用対象となる後継者は筆頭株主である代表者だけですが、特例措置では特例承継計画に記載された代表権を有する後継者で、総議決権数の10%以上を有する上位3名までが可能となります。

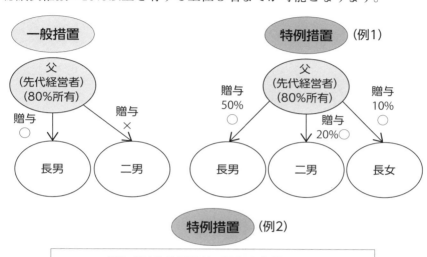

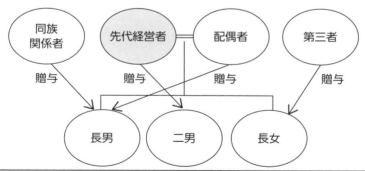

複数の後継者（3名まで）が対象とされます（10年間の措置）。
条件①　代表権を有している者に限ります。
条件②　複数人で承継する場合は、それぞれ議決権割合の10%以上を有し、かつ、議決権保有割合上位3位以上。

## (6) 相続人以外でも相続時精算課税制度の適用可能

　贈与を受けた場合の課税に関しては、「暦年課税制度」か「相続時精算課税制度」かのどちらかを選択することになります。「暦年課税制度」については受贈者が誰でもよいのですが、「相続時精算課税制度」では受贈者は推定相続人に限られていました（原則として60歳以上の父母または祖父母から20歳以上の子または孫への贈与）。つまり直系卑属への贈与のみが対象でした。

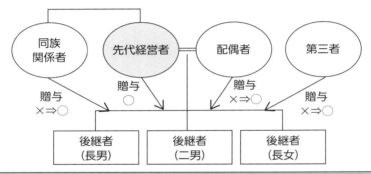

　しかし、特例では、特例後継者が上図のように贈与者の推定相続人以外の者も含まれることになりました。事業承継税制の適用を受ける場合には、猶予取消しのリスクがあり、そのときに過大な税負担が生じる恐れもあることから、相続時精算課税制度の適用範囲を拡大し、特例後継者が贈与者の推定相続人以外の者（その年の1月1日において20歳以上である者に限ります。）であり、かつ、その贈与者が同日において60歳以上の者である場合には、相続時精算課税の適用を受けることができるようになりました。

第3章 創設された非上場株式等の贈与税・相続税の納税猶予の特例措置

## (7) 事業の継続が困難な事由が生じた場合の減免

特例認定承継会社の売却・合併による消滅・解散等においては、従来からの猶予制度（一般措置）では経営環境の変化とは関係なく承継時の株価を基に納税額を算定するので、承継後、景況や会社の経営状態により、売却や解散を考えざるを得なくなる恐れがあり、経営者に将来不安が生じる。

特例認定承継会社を譲渡・M&A・解散した場合には、その時点での株式価値で税額を再計算して差額を減免する。これによって贈与税・相続税負担に対する将来の不安を解消。

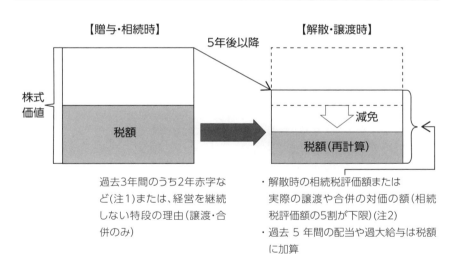

(注1) その他、過去3年間のうち2年売上減、有利子負債≧売上の6か月分以上、類似業種の上場企業株価が前年度から減少のいずれかでも認められる。
(注2) 実際の売却価格が5割未満の場合、一旦5割分までを免除し、2年後、譲渡した事業が継続され雇用が半数以上維持されている場合には、残額が減免される。

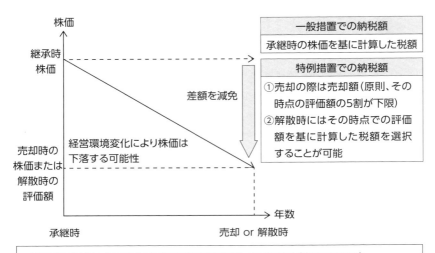

① 売却の場合は全ての企業が対象（経営を継続しない理由を提示するのみ）
② 廃業の場合は経営環境変化の影響を受けた企業（経営状況（※1）、業界全体の株価動向（※2）で判定）が対象

※1　例えば
　　・過去3年間のうち2年赤字または売上減
　　・有利子負債が一定割合以上
　　の場合
※2　例えば
　　・類似業種の上場企業の株価が前年度から下落した場合

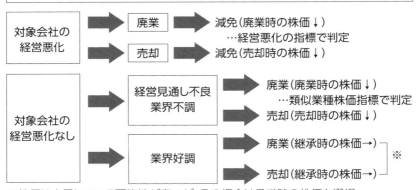

※株価は上昇している可能性が高いが、その場合は承継時の株価を選択

**第3章** 創設された非上場株式等の贈与税・相続税の納税猶予の特例措置

| 経営環境変化に応じた減免 | 適用要件 |
|---|---|
| 経営環境の変化を示す一定の要件を満たす場合において、特例承継期間経過後に、特例認定承継会社の非上場株式の譲渡をするとき、特例認定承継会社が合併により消滅するとき、特例認定承継会社が解散をするとき等には、次のとおり納税猶予税額が免除される。<br>1　特例認定承継会社に係る非上場株式の譲渡もしくは合併の対価の額（当該譲渡または合併の時の相続税評価額の50％に相当する額を下限とする。）または解散の時における特例認定承継会社の非上場株式の相続税評価額を基に再計算した贈与税額等と譲渡等の前5年間に特例後継者およびその同族関係者に対して支払われた配当および過大役員給与等に相当する額（以下「直前配当等の額」という。）との合計額（合併の対価として交付された吸収合併存続会社等の株式の価額に対応する贈与税額等を除いた額とし、当初の納税猶予税額を上限とする。）を納付することとされ、当該再計算した贈与税額等と直前配当等の額との合計額が当初の納税猶予税額を下回る場合には、その差額が免除される。<br>2　特例認定承継会社の非上場株式の譲渡をする場合または特例認定承継会社が合併により消滅する場合（当該譲渡または合併の対価の額が当該譲渡または合併の時の相続税評価額の50％に相当する額を下回る場合に限る。）において、3の適用を受けようとするときには、1の再計算した贈与税額等と直前配当等の額との合計額については、担保の提供を条件に、1にかかわらず、その納税が猶予される。<br>3　2の場合において、2の譲渡または合併後2年を経過する日において、譲渡後の特例認定承継会社または吸収合併存続会社等の事業が継続しており、かつ、これらの会社において、特例認定承継会社の譲渡または合併時の従業員の半数以上の者が雇用されているときには、実際の譲渡または合併の対価の額を基に再々計算した贈与税額等と直前配当等の額との合計額（合併の対価として交付された吸収合併存続会社等の株式の価額に対応する贈与税額等を除く。）を納付することとされ、当該再々計算した贈与税額等と直前配当等の額との合計額が2により納税が猶予されている額を下回る場合には、その差額が免除される。 | 次のいずれか（特例認定承継会社が解散をした場合は、5を除く。）に該当する場合<br>1　直前の事業年度終了の日以前3年間のうち2年以上、特例認定承継会社が赤字である場合<br>2　直前の事業年度終了の日以前3年のうち2年以上、特例認定承継会社の売上高が、その年の前年の売上高に比して減少している場合<br>3　直前の事業年度終了の日における特例認定承継会社の有利子負債の額が、その日の属する事業年度の売上高の6か月分に相当する額以上である場合<br>4　特例認定承継会社の事業が属する業種に係る上場会社の株価（直前の事業年度終了の日以前1年間の平均）が、その前年1年間の平均より下落している場合<br>5　特例後継者が特例認定承継会社における経営を継続しない特段の理由があるとき<br>ただし、特例認定承継会社の非上場株式の譲渡等が直前の事業年度終了の日から6か月以内に行われたときは1から3までについて、当該譲渡等が同日後1年以内に行われたときは4について、それぞれ「直前の事業年度終了の日」を「直前の事業年度終了の日の1年前の日」とした場合にそれぞれに該当するときについても、「経営環境の変化を示す一定の要件を満たす場合」に該当するものとされる。 |

25

⑻ 「特例承継計画」の提出期限

　事業承継税制の特例措置の適用を受けるためには、**平成30年4月1日から平成35年（2023年）3月31日まで**に都道府県知事に、認定経営革新等支援機関の指導および助言を受けた**特例承継計画**の提出が必要です。特例承継計画には、当該特例認定承継会社の後継者や承継時までの経営見通し等を記載します。

⑼ **特例措置の贈与期間は10年**

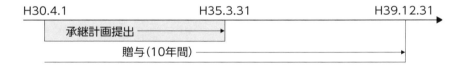

　平成35年（2023年）3月31日までに承継計画書を都道府県知事に提出し、平成39年（2027年）12月31日までに当該非上場株式の贈与を受け、特例の適用を受けている場合、贈与した先代経営者が死亡したときには、贈与時の非上場株式の評価額を相続財産とみなして相続税が課税されますが、相続税の納税猶予の適用を受けることにより、非上場株式に対応する相続額の全額が猶予されます。

# 第3章 創設された非上場株式等の贈与税・相続税の納税猶予の特例措置

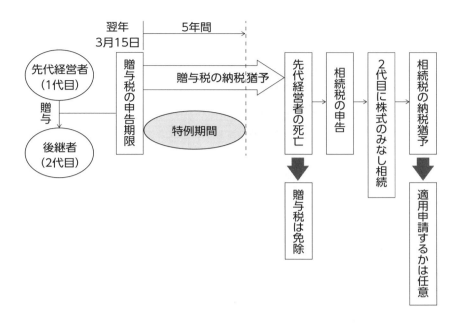

## 第4章

# 特例措置を適用するための要件

　非上場会社株式についての贈与税・相続税の納税猶予の適用を受けるには「中小企業における経営の承継の円滑化に関する法律」（円滑化法）に基づく都道府県知事の認定を受けなければなりません。

　円滑化法の認定とは、平成30年創設の「特例措置」の納税猶予を受ける前提となる認定で、認定経営革新等支援機関の指導・助言により、特例計画を策定し、贈与が行われた年の翌年1月15日まで、または当該認定に係る被相続人の死亡の日の翌日から8か月以内に、所定の認定申請書および添付書類を都道府県知事に提出して、認定申請をするものをいいます。

　この認定を受けることができる要件を満たした会社のことを特例認定承継会社といい、以下の(1)～(9)の要件の全てを満たさなければなりません。

| (1) | 中小企業者であること |
|---|---|
| (2) | 常時使用従業員数が1人以上<br>（ただし、特別関係会社に該当する外国会社を有する場合には、特例会社の常時使用従業員数は5人以上であること） |
| (3) | 一定の資産保有型会社・資産運用型会社に該当しないこと |
| (4) | 上場会社に該当しないこと |
| (5) | 風俗営業会社ではないこと |
| (6) | 総収入金額がゼロを超えること |
| (7) | 特例後継者以外の者が、いわゆる「黄金株」を有していないこと |
| (8) | 課税時期において、当該会社が特例後継者およびその特別関係者から課税時期前3年内に取得した現物出資等資産の価額が当該会社の資産の価額の70%以上でないこと |

| | |
|---|---|
| (9) | 特定特別関係会社が<br><br>1　中小企業者に該当すること<br><br>2　上場会社等ではないこと<br><br>3　風俗営業会社ではないこと |

## (1)　中小企業者でないと適用できない　―医療法人等は対象外―

　納税猶予制度の適用対象となる中小企業者の範囲は、中小企業基本法に定める中小企業であり、かつ、一定の要件に該当する会社とされています。会社とは、株式会社、特例有限会社、合同会社、合資会社、合名会社、農業生産法人のことをいいます。医療法人、社会福祉法人、監査法人、税理士法人、弁護士法人などは対象外となります。

| 業種 | 資本金 | 従業員 |
|---|---|---|
| 製造業その他 | 3億円以下 | 300人以下 |
| 　ゴム製品製造業（自動車または航空機用タイヤおよびチューブ製造業ならびに工業用ベルト製造業を除きます。） | | 900人以下 |
| 卸売業 | 1億円以下 | 100人以下 |
| 小売業 | 5,000万円以下 | 50人以下 |
| サービス業 | | 100人以下 |
| 　ソフトウエア・情報処理サービス業 | 3億円以下 | 300人以下 |
| 　旅館業 | 5,000万円以下 | 200人以下 |

　上表の資本金または従業員数のいずれか一方を満たせば、納税猶予適用対象となる中小企業に該当します。また、政令で規定された個別の業種等に係る会社も中小企業者となります。

## (2)　従業員の要件とは　―外国子会社があると要注意―

　常時使用する従業員が1人以上であることが要件です。

　ただし、当該会社の特別関係会社（注1）が外国会社（会社法第2条第2号）に該当する場合（該当会社または当該会社との間に支配関係がある法人が当該特別関係会社の株式等を有する場合に限ります。）には、5人以上となります。

（注１）　特別関係会社とは、特例会社、当該会社の代表権を有する者（共同代表がいる場合には全ての代表権を有する者が含まれます。）、その者と特別の関係がある者（注２）が有する他の会社（外国会社を含みます。）の総株主等議決権数の50％を超える数である場合における当該他の会社をいいます。

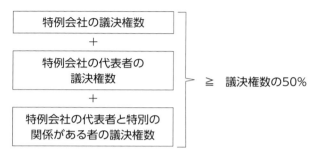

（注２）　特別の関係がある者とは、当該会社の代表権を有する者の関係者のうち代表者の親族など一定の者をいいます。

## (3) **資産管理会社に該当しないこと　—5人以上の従業員でクリア—**

資産管理会社とは「資産保有型会社」および「資産運用型会社」をいいます。

---

○　資産保有型会社
　資産保有型会社とは、中小企業の直近の事業年度末における資産の価額の総額に占める特定資産の価額の合計額の割合が70％以上である会社をいいます。
○　資産運用型会社
　資産運用型会社とは、総収入金額に占める特定資産の運用収入の合計額の割合が75％以上の会社をいいます。

---

第4章 特例措置を適用するための要件

## ① 資産保有型会社とは

$$\frac{\text{特定資産(注1)の帳簿価額の合計額(注4)} + \text{過去5年間において経営承継受贈者等に支払われた剰余金の配当等または過大役員給与等(注2)}}{\text{当該会社の資産の帳簿価額の総額} + \text{過去5年間において経営承継受贈者等に支払われた剰余金の配当等または過大役員給与等}} \geqq 70\% \text{(注3)}$$

（注1）　上記算式の「特定資産」とは次の①～⑤の合計額をいいます。

| | | |
|---|---|---|
| ① | 有価証券 | 国債証券、地方債証券、株券その他の金融商品取引法第2条第1項に規定する有価証券と他の持分会社の持分 |
| | | （除外）特別関係会社が「資産保有型会社」「資産運用型会社」に該当しない特別関係会社株式 |
| ② | 不動産 | 現に自ら使用していない不動産（遊休不動産、賃貸不動産、役員社宅など）。不動産賃貸業は猶予除外になるケースが多い。 |
| | | （除外）会社自らの事務所や店舗、工場、倉庫、従業員社宅 |
| ③ | ゴルフ場・施設利用権 | ゴルフ場等の利用に関する権利（会員権）、スポーツクラブ会員権、リゾート会員権など |
| | | （除外）ゴルフ会員権の売買業者等が保有するもの |
| ④ | 美術品等 | 絵画、彫刻、工芸品その他の動産、貴金属、宝石 |
| ⑤ | 現金・預金 | 未収金、貸付金、売掛債など全て該当 |

（注2）　役員給与の損金不算入、定期同額給与、事前確定届出給与、利益連動給与および過大な使用人給与の損金不算入（法人税法34条、36条）の規定により損金算入されない給与をいい、特殊支配同族会社の役員給与の損金不算入されない給与は含みません。また、贈与の日前や相続開始の日前の期間については加算されません。

（注3）　一定のやむを得ない事情により認定承継会社等が資産保有型会社に該当した場合においても、その該当した日から6か月以内にこれらの会社に該当しなくなったときは、納税猶予の取消事由に該当しないものとされます。②の資産運用型会社も同様です。

（注4）　貸借対照表に計上されている帳簿価額のことですが、減価償却資産、特

別償却適用資産、圧縮記帳適用資産については、それぞれ対応する減価償却
累計額、特別償却準備金、圧縮積立金を控除した後の帳簿価額で計算します。
貸倒引当金等の評価性引当金は帳簿価額の合計額から控除できません。

## ②　資産運用型会社とは

　当該会社の直近の事業年度末における総収入金額に占める特定資産の
運用収入の合計額の割合が75％以上である会社を「資産運用型会社」と
定義しています。

$$\frac{特定資産の運用収入の合計額(注1)}{直近事業年度の総収入金額(注2)} \geqq 75\%$$

（注１）　特定資産（前掲）である株式の配当金や受取利息、不動産からの受取家賃
　　　　や特定資産の譲渡価額などです。
（注２）　損益計算書での売上高、営業外収益、特別利益の合計によって求められ
　　　　ます。固定資産売却の利益がある場合、利益ではなく譲渡価額をいいます。

　資産運用型会社にあたるかどうかの判定は贈与と相続で以下のように
なっています。
イ　贈与の場合……贈与認定申請基準事業年度（贈与の日の属する事業
　　年度の直前事業年度およびその贈与の日の属する事業年度から次の贈
　　与認定申請基準日の翌日の属する事業年度の直前の事業年度までの各
　　事業年度）のいずれにおいても資産運用型会社に該当しないこと
　　・贈与認定申請基準日
　　　（イ）贈与の日が１月１日から10月15日までのいずれかの日……
　　　　　10月15日
　　　（ロ）贈与の日が10月16日から12月31日までのいずれかの日……
　　　　　贈与の日
ロ　相続または遺贈の場合……相続認定申請基準事業年度（相続開始の
　　日の属する事業年度の直前の事業年度およびその相続開始の日の属す
　　る事業年度から相続認定申請基準日の翌日の属する事業年度の直前事

業年度までの各事業年度）においていずれも資産運用型会社に該当しないこと
（注）　相続認定申請基準日とは、その相続開始の日から５か月を経過する日をいいます。

### ③　持株会社（ホールディングカンパニー）の扱い

　資産保有型会社や資産運用型会社の判定において、認定会社が保有する特別子会社の株式または持分は、その特別子会社が資産保有型会社および資産運用型会社に限って分子に算入することになります。

【例】

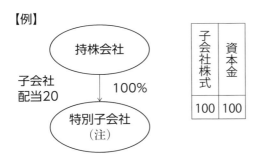

例のように、子会社が資産保有型会社および資産運用型会社に該当しない場合には、70％や75％以上の基準を満たすことになります。したがって、例の持株会社（ホールディングカンパニー）は納税猶予の適用対象となります。
（注）　特別子会社とは、会社とその代表者およびその代表者の同族関係者が合わせて総株主等議決権数の過半数を有している会社をいいます。

④　資産管理会社に該当しても納税猶予が可能な場合

　形式上で、資産保有型会社や資産運用型会社に該当する場合でも、事業実態がある場合には、特例措置が適用できます。

　次のイ～ハのいずれにも該当する場合は事業実態があるとされます。

| イ | 贈与・相続等の日まで3年以上継続して、商品販売等（商品の販売、資産の貸付け（同族関係者に対する貸付けを除きます。）または役務の提供（例えば、テナントビル、アパート等の貸付けや管理等も含まれます。）で、継続して対価を得て行われるもの）の行為をしていること。 |
|---|---|
| ロ | 常時使用する従業員（特例後継者およびその者と生計を一にする親族以外の者）の数が5人以上であること。 |
| ハ | 事務所、店舗、工場などの固定施設を所有するか、賃借していること。 |

　イにおいては、不動産等の貸付事業となる当該不動産は特定資産に該当しますが、不動産の貸付は事業となるので特例措置が適用できます。

　また、商品販売等は、自己の名義をもって、かつ、自己の計算において行う事業であれば納税猶予適用となります。

　ロの常時使用する従業員については、厚生年金保険の標準報酬月額決定通知書または健康保険の標準報酬月額決定通知書に記載された被保険者の人数から使用人兼務役員以外の役員を差し引いた人数が5人以上であることです。

　ハは、常時使用する従業員が勤務する固定施設をいいます。

### (4)　上場していない株式であること　―5年以内に上場しないことにも注意―

　当該会社およびその特定特別関係会社（注）の株式等が、非上場株式等に該当しなければなりません。

（注）　特定特別関係会社とは、会社、その代表者、その代表者と生計を一にする親族、その代表者と特別の関係がある者が他の会社（外国会社を含みます。）の総株主等議決権数の50％を超える議決権の数を有する場合における当該他の会社をいいます。

　上場株式には店頭公開も含まれます。納税猶予後5年以内に上場した

第4章 特例措置を適用するための要件

場合には、納税猶予は取り消されます。

| 非上場株式等の要件 | |
|:-:|:--|
| ① | 株式に係る会社の株式の全てが、金融商品取引所に上場されていないこと。 |
| ② | 株式に係る会社の株式の全てが、金融商品取引所への上場の申請がされていないこと。 |
| ③ | 株式に係る会社の株式の全てが、金融商品取引所に類するものであって外国に所在するものに上場がされていないことまたは当該上場の申請がされていないこと。 |
| ④ | 株式に係る会社の株式の全てが、店頭売買有価証券登録原簿に登録されていないことまたは登録の申請がされていないこと。 |
| ⑤ | 株式に係る会社の株式の全てが、店頭売買有価証券登録原簿に類するものであって外国に備えられているものに登録されていないことまたは登録の申請がされていないこと。 |

　合名会社、合資会社、合同会社等への出資については非上場株式等の対象となりますが、医療法人や税理士法人は対象とはなりません。

## ⑸　風俗営業会社であってはならない　―性風俗は対象外、パチンコは対象―

　当該会社およびその特定特別関係会社が、風俗営業会社（注）に該当しないことです。

（注）　風俗営業会社とは、風俗営業等の規則および業務の適正化等に関する法律第2条第5項に規定する性風俗関連特殊営業に該当する事業を行う会社をいいます。

　　　これに該当する代表はテレクラやソープランドですが、「性」に関する以外、例えばゲームセンターやパチンコ、麻雀店などは納税猶予の対象となります。

## ⑹　総収入金額がゼロを超えること

　相続認定申請基準年度において、いずれも総収入金額がゼロを超えること

## ⑺　黄金株を後継者以外の者が有していないこと

　会社法第108条第1項第8号の種類株式（黄金株）を後継者以外の者が有していないこと

35

⑻　**現物出資規制**

　課税時期において、会社が特例後継者およびその特別関係者から、相続開始前3年以内に取得した現物出資等資産の価額が当該会社の資産の70%以上である場合には、非上場株式等の納税猶予の特例の適用を受けることができません。

$$\frac{現物出資（贈与含む）により取得した資産価額}{総資産の価額} > 70\%$$

　なお、特例会社が、贈与・相続時において当該現物出資により取得した資産を保有していなくとも、保有しているものとして、その額を分子・分母とも加算します。

⑼　**納税猶予額計算の場合の株式評価額**

①　**特例会社等が支配関係のある外国会社等の株式等を有している場合の株式等の評価額（納税猶予適用時）**

　特例会社または特例会社の特別関係会社であって、特例会社との間に支配関係がある法人が外国会社（特例会社の特別関係会社に該当するものに限ります。）株式等を有する場合には、当該外国株式を有しなかったものとして計算した株価を基に納税猶予額が算定されます。

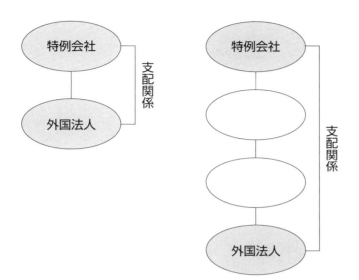

② 資産管理会社である特例会社と特別関係者が、上場会社の発行済株式等の3%以上保有(ただし、特例会社が資産管理会社に該当しない場合にはこの計算は行いません。)している場合の株式等の評価額

①と同様に、その上場会社株式等を有していなかったものとして、計算した株価を基に納税猶予額が算定されます(贈与・相続時等の各直前期末)。

③ 特例会社または特例会社の特別関係者が、医療法人の出資額の50%超を保有している場合の株式等の評価額

①と同様に、その医療法人の出資を有していなかったものとして、計算した株価を基に納税猶予額が算定されます。

④ 非上場株式の評価額の算定

「純資産価額方式」と「類似業種比準方式」が使用されます。

イ 純資産価額方式の場合

上記に該当すると、当該資産を有していなかったとして「除外」して

計算されます。

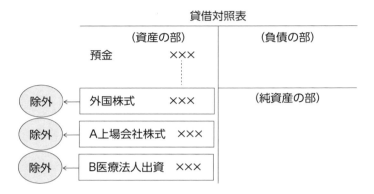

ロ　類似業種比準方式の場合

　①特例会社の１株当たりの利益から、当該会社（外国法人、上場会社等）から受領した配当収入を控除し、②特例会社の１株当たりの純資産から特例会社が有する外国会社株式、上場株式、医療法人出資額（いずれも簿価）を控除して株価を計算し、その株価に基づいて納税猶予額が算定されます。

第4章 特例措置を適用するための要件

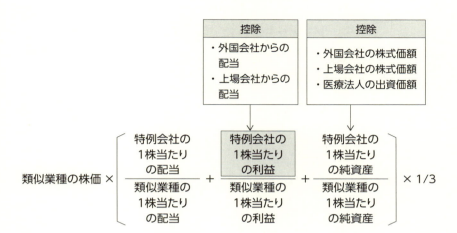

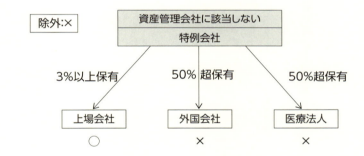

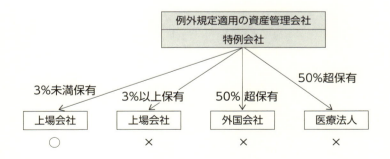

(注) 上記の保有割合(%)は、特例会社とその特別関係者の保有との合算

# 税理士等が関与する「認定経営革新等支援機関」とは

## 1　経営承継円滑化法の認定

　非上場株式等についての贈与税・相続税の納税猶予制度である事業承継税制の適用を受けるためには、「中小企業における経営の承継の円滑化に関する法律（以下「円滑化法」といいます。）第12条第1項の都道府県知事の認定およびその後の継続的な確認を受けることが必要とされていました。

　平成30年度税制改正において、事業承継税制について10年間の特例措置として抜本的な改正が行われました。平成30年（2018年）4月1日から平成35年（2023年）3月31日までの期間限定で「認定経営革新等支援機関」の指導・助言に基づく特例承継計画（注）を策定し、都道府県知事に提出、確認を受け、円滑化法認定を申請し認定を受けなければ、新・事業承継税制の適用を受けることはできません。

（注）　特例承継計画……「認定経営革新等支援機関」の指導および助言を受けた特例認定承継会社が作成した計画であって、当該特例認定承継会社の後継者、承継時までの経営見通し、承継後5年間の事業計画等が記載されたものをいいます。詳しくは、巻末の参考資料参照。

## 2　認定経営革新等支援機関とは

　平成30年度税制改正の事業承継税制の特例措置では、「認定経営革新等支援機関」がキーポイントとなります。

　まず、特例措置の適用を受けるためには「認定経営革新等支援機関」

の指導および助言を受けた当該会社が作成した「特例承継計画」を都道府県知事に提出し確認を受けなければなりません。

また、80%雇用確保要件を満たさない場合は、満たさない理由を記した「認定経営革新等支援機関」の意見が記載されている書類を都道府県知事に提出しなければなりません。その理由が経営状況の悪化である場合または正当なものと認められない場合にも、「認定経営革新等支援機関」からの指導および助言を受けて、当該書類にその内容を記載しなければなりません。

「認定経営革新等支援機関」は、中小企業・小規模事業者の多様化・複雑化する経営課題に対して、事業計画策定支援等を通じて専門性の高い支援を行うため、税務、金融および企業の財務に関する専門的知識を有し、これまで経営革新計画の策定等の業務について一定の経験年数を持っている機関や人（商工会議所、商工会、金融機関、税理士、公認会計士など）を、国が認定しているものです。

## (1)　認定経営革新等支援機関の業務

支援機関の業務は、中小企業等経営強化法第21条第2項に規定されており、「経営革新（注1）若しくは異分野連携新事業分野開拓（注2）を行おうとする中小企業または経営力向上（注3）を行おうとする中小企業等の経営資源の内容、財務内容その他経営の状況の分析」、「経営革新のための事業若しくは異分野連携新事業分野開拓に係る事業または経営力向上に係る事業の計画の策定に係る指導および助言並びに当該計画に従って行われる事業の実施に関し必要な指導および助言」です。

（注1）　「経営革新」とは、事業者が新事業活動を行うことにより、その経営の相当程度の向上を図ることです（中小企業等経営強化法第2条第7項）。

（注2）　「異分野連携新事業分野開拓」とは、その行う事業の分野を異にする事業者が有機的に連携し、その経営資源（設備、技術、個人の有する知識および技能その他の事業活動に活用される資源をいいます。）を有効に組み合わせて、新事業活動を行うことにより、新たな事業分野の開拓を図ることです（中小企

業等経営強化法第2条第9項)。

(注3) 「経営力向上」とは、事業者が、事業活動に有用な知識または技能を有する人材の育成、財務内容の分析の結果の活用、商品または役務の需要の動向に関する情報の活用、経営能率の向上のための情報システムの構築その他の経営資源を高度に利用する方法を導入して事業活動を行うことにより、経営能力を強化し、経営の向上を図ることです(中小企業等経営強化法第2条第10項)。

## (2) 主務大臣の認定

① 主務大臣は、主務省令で定めるところにより、(1)の業務(経営革新等支援業務)を行う者であって、基本方針に適合すると認められるものを、その申請により、経営革新等支援業務を行う者として認定することができます。

② ①認定を受けようとする者は、主務省令で定めるところにより、次に掲げる事項を記載した申請書を主務大臣に提出しなければなりません。

一 氏名または名称および住所ならびに法人にあっては、その代表者の氏名

二 事務所の所在地

三 経営革新等支援業務に関する次に掲げる事項

イ 経営革新等支援業務の内容

ロ 経営革新等支援業務の実施体制

ハ イおよびロに掲げるもののほか、主務省令で定める事項

③ 認定経営革新等支援機構は、②の一および二に掲げる事項に変更があったときは遅滞なく、同三のイからハまでに掲げる事項の変更(主務省令で定める軽微な変更を除きます。)をしようとするときはあらかじめ、その旨を主務大臣に届け出なければならないとされています。

## (3) 認定要件

次の各号のいずれにも適合していると認められる場合には認定を受けることができます。

第5章 税理士等が関与する「認定経営革新等支援機関」とは

① 基本方針に適合すると認められること。

② 次のいずれにも適合していると認められること（法人にあっては、その人的構成に照らして、次のいずれにも適合していると認められること。）。

　イ　税務、金融および企業の財務に関する専門的な知識を有していることまたはこれと同等以上の能力を有すると認められること。

　ロ　中小企業等に対する支援に関し、経営革新等支援業務に係る1年以上の実務経験を含む3年以上の実務経験を有していることまたはこれと同等以上の能力を有すると認められること。

具体的には以下のとおりです。

中小企業・小規模事業者の財務内容等の経営状況の分析や事業計画の策定支援・実行支援を適切に実施する観点から、具体的には、以下のような認定基準としています。

① 税務、金融および企業の財務に関する専門的な知識を有していること

　経営革新等支援機関候補として想定される者は、多岐多様にわたり、かつ、それぞれにおいて専門的な知識のメルクマールが異なることから、以下の3分類で判断することとされます。

　イ　士業法や個別業法において、税務、金融および企業の財務に関する専門的知識が求められる国家資格や業の免許・認可を有すること。

　ロ　経営革新計画（注1）の策定に際し、主たる支援者として関与した後、当該計画の認定を3件以上受けていること。

　ハ　イやロと同等以上の能力（注2）を有していること。

② 中小企業・小規模事業者に対する支援に関し、経営革新等支援業務に係る1年以上の実務経験を含む3年以上の実務経験を有していること、または同等以上の能力（注2）を有していること。

③ 法人である場合にあっては、その行おうとする経営革新等支援業務を長期間にわたり継続的に実施するために必要な組織体制（管理組織、人的配

置等）および事業基盤（財務状況の健全性、窓口となる拠点等）を有して
いること。個人である場合にあっては、その行おうとする経営革新等支援業
務を長期間にわたり継続的に実施するために必要な事業基盤（財務状況の
健全性、窓口となる拠点等）を有していること。

④　以下の欠格条項のいずれにも該当しないこと。

　　イ　中小企業等経営強化法第23条の規定により認定を取り消され、その取
　　　　消しの日から5年を経過しない者

　　ロ　成年被後見人

　　ハ　禁固刑以上の刑の執行後5年を経過しない者

　　ニ　その他（暴力団員等）　　等

（注1）　「中小企業等経営強化法」、「中小企業者と農林漁業者との連携によ
　　　　　る事業活動の促進に関する法律」、「中小企業による地域産業資源を活
　　　　　用した事業活動の促進に関する法律」、「産業競争力強化法」等、国の認
　　　　　定制度に基づく計画が対象とされます。

（注2）　中小機構にて指定された研修を受講し、試験に合格することとされ
　　　　　ます。

## (4)　税理士法人は認定されるのか

　税理士法第2条第1項に定められた税理士業務、すなわち、税務代理、
税務書類の作成、税務相談のほか、定款に「税理士業務に付随しない会
計業務（税理士法施行規則第21条）」が記載されている税理士法人は、い
わゆる会計業務として、

　　1　税理士法第2条第2項に規定する税理士業務に付随して行う財務
　　　　書類の作成、会計帳簿の機記帳代行その他の財務に関する事務

　　2　税理士法施行規則第21条で定める業務（税理士業務に付随しない
　　　　財務書類作成、会計帳簿の代行、その他財務に関する事務）

の全部または一部を行うことができるため、本法の経営革新等支援業務
を行うことができます。

　しかし、法人格のない事務所（税理士事務所、会計事務所）に所属し

ている個人（税理士、公認会計士）はどうかということですが、認定支援機関の認定単位は、法人または個人であるため、法人格のない事務所を認定することはできないため、事務所に法人格がない場合は個人として申請することで認定を受けることができます。

## (5) **認定申請**

中小企業等経営強化法第21条第1項に規定する認定支援機関候補が認定を受けようとする場合、経済産業局長および財務局長・財務支局長（一部、金融長官）宛の申請書2部は、次の区分に従いそれぞれの機関に提出することになります。

| 区 分 | 対 象 | 提出先 |
|---|---|---|
| 金融機関以外の者 | 税理士、公認会計士、弁護士、商工会、商工会議所等 | その主たる事務所の所在地を管轄する経済産業局 |
| 主要行等 | 金融庁告示第64号にて指定する金融機関 | 金融庁長官 |
| 主要行等以外の金融機関 | 地方銀行、第二地方銀行、信用金庫、信用組合、信用農業協同組合連合会、信用漁業協同組合連合会等 | その主たる事務所の所在地を管轄する財務局長・財務局支長（財務事務所、小樽出張所または北見出張所の所轄する区域にあっては当該財務事務所長または出張所長） |

(注)　沖縄県に主たる事務所が所在する者は、上記区分にかかわらず、内閣府沖縄総合事務局長に提出することになります。

# ■認定申請書記載例（税理士個人向け）

【認定】税理士個人向け

・この申請書1枚目の記載事項は、記載を省かないこと。
・申請書一式の正本2部を主たる事務所の所在地を管轄する経済産業局へ提出すること。

様式第1（第2条第2項及び~~第3条第1項関係~~）

平成●●年●●月●●日

●●財務局長　　●●　●●　殿
●●経済産業局長　●●　●●　殿

・「主務大臣　名」を、「主たる事務所の所在地を管轄する財務（支）局長　名」及び主たる事務所の所在地を管轄する経済産業局長　名」と記載すること。それぞれの氏名は上記所管の財務（支）局又は経済産業局のホームページ等で確認すること。
・宛先の順番は、1.「財務（支）局」、2.「経済産業局長」とすること。

・氏名は本名（戸籍名、外国人登録名）を記載すること。
・住所は主たる事務所の所在地を記載すること（表記は税理士証票等の記載と揃えること）。
・認定後に掲載されるホームページに屋号を掲載したい場合は、屋号を記載すること。
・旧姓を使用している場合は旧姓を記載すること（この場合、日本税理士会連合会発行の旧姓使用に関する通知書を2部添付すること）。
・押印は、実印を使用のこと（印鑑証明は不要）。

住所　●●県●●市●●　●ー●ー●
　　　●●税理士事務所
氏名　●●　●●　●●　（実印）

認　　定　　（更　新）　申　請　書

・（更新）を二重線等で取り消す、または認定を枠で囲むなどして、認定の申請書であることを明示してください。

中小企業等経営強化法第26条第1~~定（更新）を受けたいので、下記に~~
~~この申請書及び添付書類の記載事項~~

1　事務所の所在地
2　経営革新等支援業務に関する事項
　一　経営革新等支援業務の内容
　二　経営革新等支援業務の実施体制
　　（1）　経営革新等支援業務の統括責任者、当該統括責任者を補佐する者及び当該経営革新等支援業務を行う者の氏名
　　（2）　その他の経営革新等支援業務の実施体制に関する事項

（添付書類）
1　第2条第1項第2号の規定に掲げる要件に適合することを証する書類
　　（1）　専門的知識を有する証明書
　　（2）　支援者からの関与を有する証明書
　　（3）　実務経験証明書

2　中小企業等経営強化法第27条各号（第28条第2項において準用する同法第27条各号）に該当しないことを証する書類
　　誓約書

備考
1　申請者が法人である場合においては、住所及び氏名は、それぞれの法人の主たる事務所の所在地、名称及びその代表者の氏名を記載すること。
2　用紙の大きさは、日本工業規格A4とすること。

46

# 第6章
# 創設された贈与税の納税猶予制度の特例措置の活用ポイント

　平成30年度税制改正により、円滑化法の認定を受けた非上場会社の株式等を贈与により取得し、当該会社の代表者として経営を継続するのであれば、一定の要件の下で株式等の課税価格に対応する贈与税の全額について贈与税の納税が猶予される特例措置が創設されました。

**■非上場株式等の贈与税の納税猶予・免除の概要**

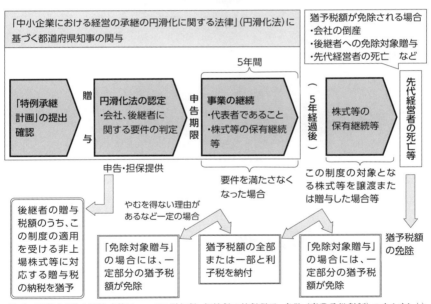

（出典：国税庁「非上場株式等についての贈与税・相続税の納税猶予・免除（事業承継税制）のあらまし」）

## ■ 贈与税の納税猶予についての手続

| 提出先 | ●提出先は「主たる事務所の所在地を管轄する都道府県庁」です。<br>●平成30年1月1日以降の贈与について適用することができます。 |

**都道府県庁**

**特例承継計画の策定**
- 会社が作成し、認定支援機関（商工会、商工会議所、金融機関、税理士等）が所見を記載。
- ※「特例承継計画」は、当該会社の後継者は承継時まで経営見通し等が記載されたものをいいます。
- ※認定支援機関であれば、顧問税理士でも所見を記載できます。

**贈与の実行**
- 平成35年3月31日まで提出可能。
- ※平成35年3月31日までに相続・贈与を行う場合、相続・贈与後に承継計画を提出することも可能。

**認定申請**
- 贈与の翌年1月15日までに申請。
- 承継計画を添付。

**税務署**

**税務署へ申告**
- 認定書の写しとともに、贈与税の申告書等を提出。
- 相続時精算課税制度の適用を受ける場合には、その旨を明記。

**税務署　都道府県庁**

**申告期限後5年間**
- 都道府県庁へ「年次報告書」を提出（年1回）。
- 税務署へ「継続届出書」を提出（年1回）。

**5年経過後実績報告**
- 雇用が5年平均8割を下回った場合には、満たせなかった理由を記載し、認定支援機関が確認。その理由が、経営状況の悪化である場合等には認定支援機関から指導・助言を受ける。

**6年目以降**
- 税務署へ「継続届出書」を提出（3年に1回）。

（出典：中小企業庁「納税猶予を受けるための手続」一部加工）

第6章　創設された贈与税の納税猶予制度の特例措置の活用ポイント

　実務上、遺留分の減殺請求を考え、民法特例の除外合意や固定合意（81ページ）を受けておくことを検討するとよいでしょう。

## 1　まず特例承継計画を策定する
### ―特例措置を適用するしないに関わらず策定を―

　非上場株式等についての贈与税の納税猶予の特例の適用を受けようとする者は、その会社の後継者や承継時までの経営見通し等を記載した「特例承継計画」を策定し、認定経営革新等支援機関（税理士や商工会議所等）の所見を記載のうえ、平成35年（2023年）3月31日までに都道府県知事に提出し、その確認を受けなければなりません（詳しくは巻末の参考資料を参照）。なお、平成35年（2023年）3月31日までの贈与については、贈与後、特例の認定申請までに承継計画を提出することも可能です。

## 2　贈与をする
### ―受贈者は3年以上役員を継続―

　特例措置については、平成30年（2018年）1月1日から平成39年（2027年）12月31日までの間の非上場株式等の贈与・相続等であることが要件となっています。

　また、事業承継税制の適用を受けようとする者が、その会社の非上場株式等について既に事業承継税制の適用を受けている場合には、最初のその適用に係る贈与・相続等の日から（特例）経営（贈与）承継期間の末日までの間に贈与税・相続税の申告期限が到来する非上場株式等の贈与・相続等であることが特例措置適用の要件となっています。

49

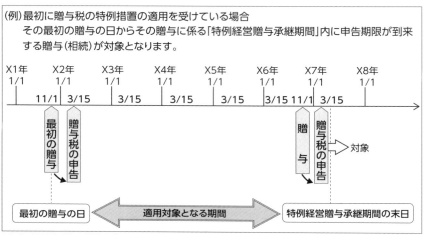

(出典:国税庁「非上場株式等についての贈与税・相続税の納税猶予・免除(事業承継税制)のあらまし」)

　この特例制度の適用を受けるためには、先代経営者である贈与者から全部または一定数以上の非上場株式等の贈与を受ける必要があります。

### (1) 非上場株式等の取得株数要件(特例措置)―後継者は2/3以上保有が原則―

　一般措置においては猶予対象株式数の限度は発行済議決権株式総数の3分の2ですが、その立法趣旨は、当該会社の3分の2を保有すればオーナー経営者として十分であるということです。特例措置においては、特例後継者1名であれば、贈与後の後継者の保有株式数が3分の2に達するまでは一括贈与することを必要としています。また、贈与後の特例後継者の保有株式数が3分の2に達するのであれば、それ以上の贈与は任意であるとしていますが、一定数を贈与者が保有し続けることも現実的ではないと思われます。

　後継者は、次の①または②の区分に応じた一定数以上の非上場株式等を取得する必要があります。

# 第6章 創設された贈与税の納税猶予制度の特例措置の活用ポイント

① 後継者が1人の場合

次の1または2の区分に応じた株数

1. $a \geq b \times 2/3 - c$ の場合 ……「$b \times 2/3 - c$」以上の株数
2. $a < b \times 2/3 - c$ の場合 ……「$a$」の全ての株数

② 後継者が2人または3人の場合

次の全てを満たす株数

1. $d \geq b \times 1/10$
2. $d >$ 贈与後における先代経営者等の有する会社の非上場株式等の数

a：贈与の直前において先代経営者等が有していた会社の非上場株式等の数
b：贈与の直前の会社の発行済株式等（注）の総数
c：後継者が贈与の直前において有していた会社の非上場株式等の数
d：贈与後における後継者の有する会社の非上場株式等の数（後継者が2名以上の場合）

（注）　発行済株式等は、議決権に制限のないものに限ります。

| ケース | | 贈与すべき株式等 |
|---|---|---|
| 後継者が1名の場合 | 発行済完全議決権株式数×2/3<br>－後継者の保有株式数<br>≦先代経営者の保有株式数 | 後継者の先代経営者の議決権割合が3分の2以上になる株式 |
| | 発行済完全議決権株式数×2/3<br>－後継者の保有株式数<br>＞先代経営者の保有株式数 | 全ての株式 |
| 後継者が2名または3名の場合 | | いずれかの後継者が有する発行済完全議決権株式数が以下の2要件を満たす贈与であること<br>・発行済完全議決権株式数の10%以上となる贈与<br>・先代経営者の有する発行済完全議決権株式数を上回る贈与 |

51

【例1】

　特例会社の発行済株式数100、贈与直前に先代経営者（贈与者）が保有していた株数80、特例後継者が贈与直前に保有していた株数10

　先代経営者が保有していた株数80≧発行済株式100×2／3－特例後継者が保有していた株数10

　100×2／3－10＝56.67株となり、贈与義務株数は57株となります。

【例2】

　特例会社の発行済株式数100、特例後継者は3人で贈与直前に先代経営者が保有していた株数80、後継者Aは5株、BCは保有数0

　次の全てを満たす株数

　A≧100×1／10＝10　　10－5＝5

　B≧100×1／10＝10

　C≧100×1／10＝10

　Aには5以上、BCにはそれぞれ10以上を贈与し、先代経営者は80の全てをABCそれぞれに贈与する。

　例えば　Aに60　　A→60

　　　　　Bに10　　B→10

　　　　　Cに10　　C→10

## (2)　会社の主な要件

| ① | 中小企業者であること |
|---|---|
| ② | 常時使用従業員数が1人以上<br>（ただし、特別関係会社に該当する外国会社を有する場合には、特例会社の常時使用従業員数は5人以上であること） |
| ③ | 一定の資産保有型会社・資産運用型会社に該当しないこと |
| ④ | 上場会社に該当しないこと |
| ⑤ | 風俗営業会社ではないこと |
| ⑥ | 総収入金額がゼロを超えること |
| ⑦ | 特例後継者以外の者が、いわゆる「黄金株」を有していないこと |

| ⑧ | 課税時期において、当該会社が特例後継者およびその特別関係者から課税時期前3年内に取得した現物出資等資産の価額が当該会社の資産の価額の70％以上でないこと |
|---|---|
| ⑨ | 特定特別関係会社が<br>　イ　中小企業者に該当すること<br>　ロ　上場会社等ではないこと<br>　ハ　風俗営業会社ではないこと |

## (3) 後継者である受贈者の主な要件 ―適用後特例後継者は変更不可―

| ① | 特例株式等の贈与時に特例会社の代表権を有していること |
|---|---|
| ② | 贈与時において、後継者の同族関係者と合わせて会社の総株主等議決数の50％を超える議決権の数を有すること |
| ③ | 贈与時に、後継者及びその同族関係者の中で最も多くの議決権を有することとなること（当該特例承継計画に記載された当該後継者が2名または3名以上の場合には、議決権数において、それぞれ上位2名または3名の者で、総議決権数の10％以上を有すること） |
| ④ | 贈与の日から贈与税の申告書の提出期限まで引き続き、当該株式等の全部を有していること |
| ⑤ | 特例後継者が贈与の日まで引き続き3年以上にわたり特例会社の役員（注）の地位（当該地位のいずれかを有していれば、同一の地位を有する必要はありません。）を継続して有していること |
| ⑥ | 贈与時において、20歳以上であること |
| ⑦ | 贈与により取得した対象株式等の全てを引き続き保有していること |

（注）　会社法第329条第1項の役員（取締役、会計参与および監査役をいいます。）としての地位をいい、持分会社の場合は業務執行役員をいいます。

　事業承継税制の適用を受けた特例後継者は変更できません。ただし、相続・贈与を受けていない特例後継者は変更可能です。これは特例後継者が複数いるということです。

## (4) 贈与者の要件

　平成30年（2018年）1月1日から平成39年（2027年）12月31日までの間に特例を受ける贈与を行う贈与者の要件は以下のとおりです。

| ① | 会社の代表権（制限が加えられたものを除きます。）を有していた個人であること<br>先代経営者は贈与直前に代表権を有していなくとも、過去のいずれかの時点で代表権を有していればよく、その期間を問いません。 |
|---|---|
| ② | 先代の経営者が、その贈与の直前（贈与の直前において代表権を有していないときは、代表権を有していた期間内のいずれかの時についても判定が必要）において、先代経営者に係る同族関係者と合わせて特例会社の総株主等議決権数の50％を超える議決権の数を有し、かつ、先代経営者が有する当該特例会社の株式等に係る議決権の数が当該同族関係者（特例後継者となる者を除きます。）のなかで筆頭株主であること |
| ③ | 贈与時において、先代経営者は、当該特例会社の代表権を有していないこと |

（注） 贈与の直前において、既に特例措置の適用を受けている者がいる場合には、上記①②の要件は不要となります。

## (5) 複数の贈与者から特例後継者（1名）への贈与の具体例―まず先代経営者が後継者に贈与しないとはじまらない―

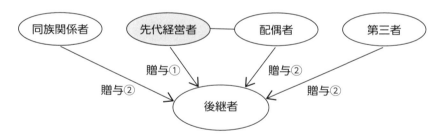

# 第6章 創設された贈与税の納税猶予制度の特例措置の活用ポイント

① 特例後継者への贈与は、まず最初に先代経営者からの贈与でなければなりません。
② ①の贈与時には前述の(2)**会社の主な要件**、(3)**後継者である受贈者の主な要件**、(4)**贈与者の要件**を満たしている必要があります。
③ 先代経営者からの贈与、それ以外の贈与は同時に行うことはできますが、それ以外の贈与は先代経営者からの贈与の前に行うことはできません。
④ それ以外の贈与は特例期間（5年間）の末日までに、当該贈与の申告期限が到来するものに限り、特例措置の適用があります。
⑤ 後継者は51ページの①の区分に応じた株数を取得する必要があります。

【例】発行済株式総数100株

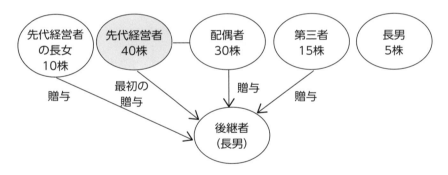

① 手続の流れ

会社、受贈者（後継者）、贈与者（先代経営者）について、全て(2)～(4)の要件を満たしていなければなりません

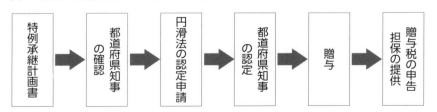

② 贈与の順序

① 一括贈与をまず先代経営者が後継者に行います。
100株（発行済株式総数）×2/3－5株（後継者保有株式数）＞40株（先代経営者保有株式数）
一括贈与の要件を満たすため、先代経営者保有株数の全てを後継者に贈与しなければなりません。

② 後継者は、この最初の贈与で筆頭株主にならなければなりません。
40株（先代経営者保有株式数）＋5株（後継者保有株式数）＝45株

③ ケース別に要件を確認します。
1. 先代経営者の配偶者（母）が贈与する場合
100株（発行済株式総数）×2/3－45株（後継者保有株式数）＜30株（先代経営者の配偶者保有株式数）
先代経営者の配偶者は22株以上の贈与を行えば一括贈与の要件を満たします。
2. 先代経営者の配偶者より先に先代経営者の長女（姉）が贈与する場合
100株（発行済株式総数）×2/3－45株（後継者保有株式数）＞10株（先代経営者の保有株式数）
一括贈与の要件を満たすため、先代経営者の長女は保有株式10株の全てを後継者に贈与しなければなりません。

（注） この一括贈与を実行した場合には、先代経営者の長女の相続の際には課税対象となります。

## (6) 3人の後継者に贈与する場合の具体例 ―先代経営者は一括同時に贈与しなければならない―

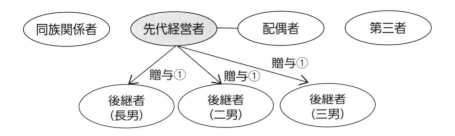

① 特例後継者（長男、二男、三男）への贈与は、先代経営者は、長男、二男、三男に株式を同時に贈与しなければなりません（ただし、3人全員に贈与しなければならないことはありません。）。
② 先代経営者以外の贈与者が複数の後継者に贈与する場合も同時に贈与しなければなりません（一括贈与要件）。
③ 先代経営者が、一部の後継者（3人全員ではなく）に最初の贈与を行い、先代経営者以外の者が他の後継者に贈与する場合も、要件を満たせば特例の適用を受けることができます。
④ 特例期間（5年間）は、後継者ごと、贈与ごとに設定されますが、各特例期間は最初の贈与について設定される特例期間に統合され、全ての特例期間の終了の日は、最初の贈与に係る特例期間の終了の日となります。
⑤ 後継者が2人または3人の場合、51ページの②を満たす株数を取得する必要があります。

（注） 特例承継計画に記載されていた後継者以外の者に承継する場合、特例後継者として特例承継計画に記載されていない者は納税猶予を受けることができませんが、特例承継計画の変更の申請により特例後継者となることができます。特例後継者を２人または３人記載した場合において、そのうち株式の贈与・相続を受けていない特例後継者については変更可能です。特例承継計画に記載されていない者が、株式の贈与・相続の適用を受けていない以上、変更申請の対象となります。

【例】発行済株式総数100株

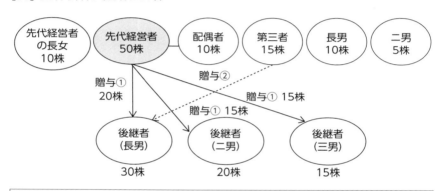

① 会社は受贈者（後継者）、贈与者（先代経営者）、全て(2)～(4)の要件を満たしています。
② 先代経営者は、筆頭株主要件（後継者を除く）を満たしています。
③ 各後継者（長男、二男、三男）は贈与により、①議決権割合10％（100株×10％＝10株）以上保有することになり、②贈与後の議決権数が１位、２位、３位とならなければなりません（各後継者以外の同族株主よりも多くの議決権を有すること）。
④ 各後継者は全て代表権を有することが必要です。

⑤　第三者（15株保有）が長男に贈与する場合には、贈与後において、各後継者の所有株数が贈与者（第三者）の所有株数を全員上回らなければなりません。

## (7) 親族以外の者が後継者になる場合　―先代経営者が亡くなると他人であっても親族の相続税申告に参加―

【例】発行済株式総数100株

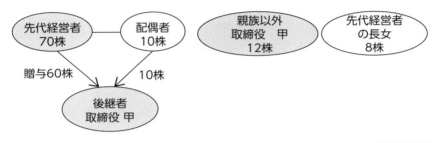

①　先代経営者は後継者を親族以外の取締役甲として事業承継をします。
②　先代経営者は甲に60株贈与します（特例適用）。
　100株（発行株式総数）×2／3－12株（後継者保有株式数）＝55株≦70株（先代経営者保有株式数）
　一括贈与要件を満たすには、55株以上を後継者に贈与しなければなりません。
③　次に、先代経営者の配偶者が10株を甲に贈与します（特例適用）。
　当該贈与は特例期間（②の特例期間）内に、当該贈与に係る申告期限が到来するものに限り、特例の適用があります。
　100株（発行済株式総数）×2／3≦72株（後継者保有株式数）
　となっていることから、他の贈与者が甲に贈与する場合は全て特例の適用を受けることができます。

④　甲は先代経営者と配偶者の相続の際に申告の必要が発生します。

　後継者甲は、先代経営者に相続が発生すると、贈与された株式を先代経営者から遺贈により取得（贈与時の価額）したものとみなされます。しかし、後継者甲は、「相続税の納税猶予」の特例に切り替えることができます（ただし、会社の要件等を満たさなければなりません。）。

■注意点

　1　先代経営者の相続人の**相続税負担が高くなる**

　相続税額の計算にあたっては、相続財産に、当該納税猶予を受けた株式の価額（贈与時の価額）が加算されます。

　・相続人1人、本来の遺産2億円、納税猶予を受けた株式の価額3億円とした場合

　納税猶予がなかった場合の相続人の相続税額　　4,860万円

　納税猶予が適用された場合の相続人の相続税額　7,600万円

　2　先代経営者の相続人と相続税の申告の打合せ等を行うので、**遺産内容が他人に知られることになる**

# 3　担保の提供
## ―株式を担保にして適用―

　納税が猶予される贈与税額および利子税の額に見合う担保を税務署に提供する必要があります。

　この特例の適用を受ける非上場株式等の全てを担保として提供した場合には、納税が猶予される贈与税および利子税額に見合う担保の提供があったとみなされます。（その他の事項については117ページ参考）

第6章 創設された贈与税の納税猶予制度の特例措置の活用ポイント

## 4 贈与税の申告
### ―期限内申告を厳守―

特例措置の適用を受けようとする特例後継者は贈与税等の申告書に、特例措置の適用を受けようとする旨の記載がない場合または非上場株式等の明細および納税猶予分の計算に関する明細その他財務省令で定める事項を記載した書類の添付がない場合には、特例措置の適用を受けることができません。

## 5　納税猶予の場合の贈与税の計算方法

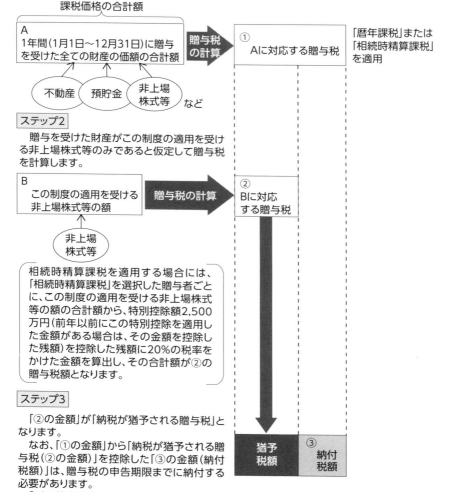

ステップ1　贈与を受けた全ての財産の価額の合計額に基づき贈与税を計算します。

課税価格の合計額

A
1年間(1月1日〜12月31日)に贈与を受けた全ての財産の価額の合計額

不動産　預貯金　非上場株式等　など

贈与税の計算 → ① Aに対応する贈与税　「暦年課税」または「相続時精算課税」を適用

ステップ2
　贈与を受けた財産がこの制度の適用を受ける非上場株式等のみであると仮定して贈与税を計算します。

B
この制度の適用を受ける非上場株式等の額

非上場株式等

贈与税の計算 → ② Bに対応する贈与税

相続時精算課税を適用する場合には、「相続時精算課税」を選択した贈与者ごとに、この制度の適用を受ける非上場株式等の額の合計額から、特別控除額2,500万円(前年以前にこの特別控除を適用した金額がある場合は、その金額を控除した残額)を控除した残額に20%の税率をかけた金額を算出し、その合計額が②の贈与税額となります。

ステップ3

　「②の金額」が「納税が猶予される贈与税」となります。
　なお、「①の金額」から「納税が猶予される贈与税(②の金額)」を控除した「③の金額(納付税額)」は、贈与税の申告期限までに納付する必要があります。

猶予税額　③ 納付税額

　「B」の算定にあたり、この制度の適用を受ける非上場株式等に係る会社等が一定の外国会社等の株式等を有する場合には、その外国会社等の株式等を有していなかったものとして計算した価額となります。

第**6**章 創設された贈与税の納税猶予制度の特例措置の活用ポイント

【事例1】

　先代経営者は長男に、特例株式（価額2億円）と現金1,000万円の贈与を行いました。この場合の贈与税の納税猶予額と納付税額は、どうなるでしょうか。

(1)　暦年課税の場合

ステップ1

　贈与を受けた全ての財産の価額の合計額に基づき贈与税を計算します。

　　特例株式2億円＋現金1,000万円＝2億1,000万円

　　（2億1,000万円－110万円）×55％－640万円＝1億849.5万円

ステップ2

　贈与を受けた財産が「特例措置の適用を受ける非上場株式等」のみであると仮定して贈与税を計算します。

　　（特例株式2億円－110万円）×55％－640万円＝1億299.5万円

ステップ3

　ステップ2の金額が「納税猶予される贈与税」となります。したがって、ステップ1の金額からステップ2の金額を控除した金額が納付金額となり、贈与税の申告期限までに納付しなければなりません。

　　1億849.5万円－1億299.5万円＝550万円（納付税額）

(2)　相続時精算課税の場合

ステップ1

特例株式2億円＋現金1,000万円＝2億1,000万円

（2億1,000万円－2,500万円）×20％＝3,700万円

ステップ2

　贈与を受けた財産が「特例措置の適用を受ける非上場株式等」のみであると仮定して贈与税を計算します。

（特例株式2億円－2,500万円）×20％＝3,500万円

63

ステップ3

3,700万円－3,500万円＝200万円（納付税額）

---

【事例2】

　先代経営者は長男に、その年に特例株式（価額2億円）のみの贈与を行いました。贈与税の納税猶予額と納付税額は、どうなるでしょうか。

(1)　暦年課税の場合

ステップ1

　（特例株式2億円－110万円）×55％－640万円＝1億299.5万円

ステップ2

　（特例株式2億円－110万円）×55％－640万円＝1億299.5万円

ステップ3

　1億299.5万円－1億299.5万円＝0円

　納付税額はありません。

(2)　相続時精算課税の場合

ステップ1

　（特例株式2億円－2,500万円）×20％＝3,500万円

ステップ2

　（特例株式2億円－2,500万円）×20％＝3,500万円

ステップ3

　3,500万円－3,500万円＝0円

　納付税額はありません。

---

★翌年1月15日までに「特例承継計画」を策定し都道府県知事に確認申請し、3月15日までに円滑化法による認定書等を添付して納税猶予申請および贈与税の申告をします。

## 6 納税猶予期間中の注意点
　―会社の株式を１株でも移動させると猶予取消し―

　会社の要件、後継者（受贈者）の要件、先代経営者等（贈与者）の要件を満たしていることについての都道府県知事の「円滑化法の認定」を受けます。

　贈与を受けた年の翌年３月15日までに受贈者の住所地の所轄税務署へ、この特例制度の適用を受ける旨を記載した贈与税の申告書および一定の書類を提出するとともに、納税が猶予される贈与税額および利子税の額に見合う担保を提供する必要があります。

(注)　納税が猶予される贈与税額および利子税の額に見合う担保を税務署に提供する必要があります。（60ページ参照）

■ 特例経営贈与期間

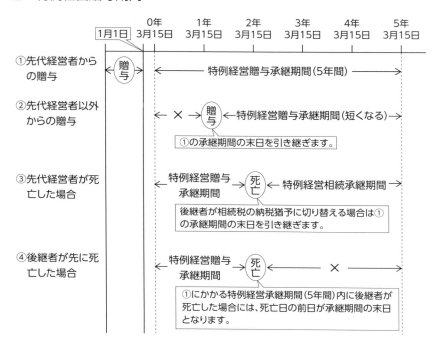

(1) 納税が猶予されている贈与税を納付する必要がある場合

| 特例承継期間内の主な認定取消要件 |
|---|
| ・従業員数の80%維持ができなかったとき |
| ・性風俗会社に該当したとき |
| ・資産管理会社になったとき |
| ・総収入金額がゼロとなったとき |
| ・後継者（同族含む）が筆頭株主でなくなったとき |
| ・後継者が同族の筆頭株主でなくなったとき |
| ・先代経営者が代表に再登場したとき |
| ・次ページの表参照 |

第6章 創設された贈与税の納税猶予制度の特例措置の活用ポイント

| 特例承継期間後の主な期限確定要件 |
|---|
| ・ 資産管理型会社になったとき |
| ・ 総収入金額がゼロになったとき |
| ・ 会社を解散・分割型分割をすること |
| ・ 税務署に報告をしなかったとき |
| ・ 後継者が、対象株式を譲渡・贈与したとき |

① 下表の「A」に該当した場合には、納税が猶予されている贈与税の全額と利子税を併せて納付します。この場合、この制度の適用は終了します。

② 下表の「B」に該当した場合には、納税が猶予されている贈与税のうち、譲渡等した部分に対応する贈与税と利子税を併せて納付します。
(注) 譲渡等した部分に対応しない贈与税については、引き続き納税が猶予されます。

③ 下表の「C」に該当した場合には、引き続き納税が猶予されます。

④ 下記②について、円滑化省令では、下回った理由等を記載した報告書（認定経営革新等支援機関の意見が記載されているものに限ります。）を都道府県知事に提出し、確認を受けることとされています。なお、その報告書および確認書の写しは継続届出書に添付することとされています。雇用の平均は、特例期間の末日に判定することになります。

⑤ 「やむを得ない理由」とは、77ページを参照してください。

| 納税猶予税額を納付する必要がある場合<br>≪≫内は該当日 | 特例期間内 | 特例期間<br>経過後 |
|---|---|---|
| ① 特例後継者が**代表権を有しないこととなった場合**（ただし、「やむを得ない理由」を除きます。この場合、当該株式を次の後継者に贈与し、その後継者が猶予の特例適用を受ければ猶予税額が免除されます。）<br>≪有しないこととなった日≫ | A | C |

67

| | 納税猶予税額を納付する必要がある場合<br>≪≫内は該当日 | 特例期間内 | 特例期間<br>経過後 |
|---|---|---|---|
| ② | 一定の基準日（特例期間の末日）における雇用の平均が「**贈与時の雇用の80%を下回った場合**（ただし、認定経営革新等支援機関の意見が記載される等一定の確認があれば猶予）<br>≪基準日≫ | AまたはC | C |
| ③ | 特例後継者とその同族関係人が有する**議決権数が50%**以下となった場合<br>≪50%以下となった日≫ | A | C |
| ④ | 同族関係者のうちいずれかが**特例後継者の議決権を超える議決権数を保有**することとなった場合<br>≪その超えることとなった日≫ | A | C |
| ⑤ | 特例後継者が、**特例適用株式の一部を譲渡または贈与**した場合（ただし、「やむを得ない理由」や「経営環境の変化があった場合」と認められる場合は要計算）<br>≪譲渡日または贈与日≫ | A | B<br>（要計算） |
| ⑥ | 特例後継者が**特例適用株式の全部を譲渡または贈与**した場合（ただし、「やむを得ない理由」や「経営環境の変化があった場合」は要計算）<br>≪譲渡日または贈与日≫ | A | A<br>（要計算） |
| ⑦ | 特例会社が**会社分割**をし、吸収分割会社等の株式等を配当財産とする剰余金の配当があった場合<br>≪会社分割がその効力を生じた日≫ | A | B |
| ⑧ | 特例会社が**組織変更**し、特例会社の株式等以外の財産の交付があった場合<br>≪組織変更がその効力を生じた日≫ | A | B |
| ⑨ | 特例会社が**解散**をした場合（合併により消滅する場合を除きます。）、または、会社法その他の法律の規定により解散をしたとみなされた場合（ただし、「経営環境の変化があった場合」は要再計算）<br>≪解散をした日または解散をしたとみなされた日≫ | A | A<br>（要計算） |
| ⑩ | 特例会社が**資産保有型会社または資産運用型会社**に該当することとなった場合<br>≪該当することとなった日≫ | A | A |
| ⑪ | 特例会社の事業年度における**総収入金額がゼロ**になった場合（営業外収益および特別利益は除外）<br>≪その事業年度終了の日≫ | A | A |

第6章 創設された贈与税の納税猶予制度の特例措置の活用ポイント

| 納税猶予税額を納付する必要がある場合<br>≪≫内は該当日 | 特例期間内 | 特例期間経過後 |
|---|---|---|
| ⑫ 特例会社が**資本金の額の減少または資本準備金の額の減少**をした場合（ただし、これらの減少が、減少する資本金の額の全部を準備金とする場合および欠損填補目的の減資の場合を除きます。）<br>≪これらの減少がその効力を生じた日≫ | A | A |
| ⑬ 特例後継者が**納税猶予の適用をやめる旨の届出書**を税務署に提出した場合<br>≪その届出書の提出があった日≫ | A | A |
| ⑭ 特例会社が**適格合併以外の合併により消滅**した場合（ただし、「経営環境の変化があった場合」に合併により消滅した場合には要計算）<br>≪合併がその効力を生じた日≫ | A | B<br>（要計算） |
| ⑮ 特例会社が**適格交換以外の株式交換、株式移転**により他の会社の株式交換完全子会社等となった場合（ただし、「経営環境の変化があった場合」に他の会社の株式交換完全子会社になった場合には要計算）<br>≪株式交換等がその効力を生じた日≫ | A | B<br>（要計算） |
| ⑯ 特例会社の株式等が**非上場株式等に該当しない**こととなった場合<br>≪該当しないこととなった日≫ | A | C |
| ⑰ 特例会社または特定特別関係会社が**風俗営業会社**に該当することとなった場合<br>≪該当することとなった日≫ | A | C |
| ⑱ 特例会社が発行する拒否権付株式、いわゆる**黄金株**を特例後継者以外の者が有することとなったとき<br>≪その有することとなった日≫ | A | C |
| ⑲ 特例会社が納税猶予適用株式等の全部または一部の種類の**議決権を制限のある株式に変更した場合**<br>≪その変更した日≫ | A | C |
| ⑳ 年次報告書や**継続届出書を未提出**または虚偽の報告等をしていた場合等 | A | A |
| ㉑ **贈与者が会社の代表権を有する**こととなった場合 | A | C |

(2) **納税猶予期間中** ―継続届出書を必ず提出―

引き続きこの制度の適用を受けるには、「継続届出書」に一定の書類を添付して税務署へ提出する必要があります。特例経営承継期間内は毎

69

年、その期間の経過後は３年ごとに提出します。円滑化法の認定を受けた会社も特例承継期間内は毎年、都道府県知事に対して一定の書類を提出しなければなりません。「継続届出書」の提出がない場合には、猶予されている贈与税の全額と利子税を納付しなければなりません。

## (3)　納税猶予期間中（申告期限後5年間経過後）

申告後も引き続きこの制度の適用を受けた非上場株式等を保有すること等により、納税の猶予が継続されますが、引き続きこの制度の適用を受けるには、「継続届出書」に一定の書類を添付して税務署へ提出する必要があります。なお、「継続届出書」の提出がない場合には、猶予されている贈与税の全額と利子税を納付しなければなりません。

## (4)　猶予されている贈与税の納付が免除される場合

## ①　先代経営者等（贈与者）が死亡した場合

先代経営者等（贈与者）の死亡等があった場合には、「免除届出書」・「免除申請書」を税務署に提出することにより、その死亡等があったときにおいて納税が猶予されている贈与税の全部または一部について、その納付が免除されます。

一定の都道府県知事の確認（切替確認）を受けることにより、贈与税の納税猶予制度の特例の対象となっている非上場株式等について、相続税の納税猶予制度の特例の適用を受けることができます。ただし、その贈与をした贈与者の相続税の申告期限までに、相続税の納税猶予制度の特例の適用を受ける旨を記載した相続税の申告書等を税務署へ提出する必要があります。

## ■「非上場株式等の特例贈与者が死亡した場合の相続税の納税猶予および免除」の適用を受ける場合の注意点

「中小企業における経営の承継の円滑化に関する法律」に基づき、会社がこの制度の適用要件を満たしているかどうかについて都道府県知事の「円滑化法の確認」を受ける必要があります。

非上場株式等の贈与税の納税猶予制度の特例を適用して贈与を行った場合に、贈与者が死亡したときは、贈与時の時価により他の相続財産と合算して相続税額を計算しますが、都道府県知事の確認を受けた場合には相続税猶予の特例を受けることができます。

1　先代経営者（1代目）から2代目後継者へ贈与（納税猶予）し、その後、1代目の死亡により、2代目の贈与税は免除されますが、当該非上場株式等は相続等により取得したものとみなされ（みなし相続）、1代目の相続税の対象となります。

　　ただし、当該非上場株式等は相続税の納税猶予の対象となります。2代目後継者は適用を受けるか受けないかは任意です。受けなければ相続財産として課税対象となります。

（注）　一般措置で贈与税の納税猶予の適用を受けている後継者に対し、平成30年以後に行う相続については一般措置の適用になります。

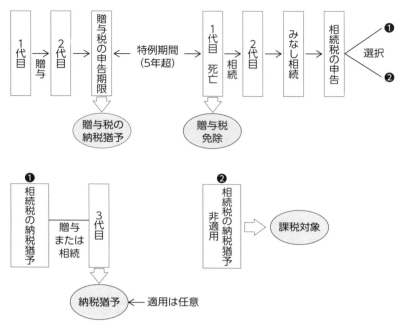

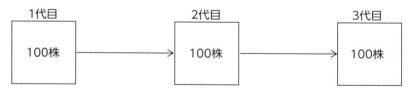

■具体例（上記）

(1) 先代経営者は当該会社の株式を100％保有しています。発行済株式総数100株です。

| 1代目 | 2代目 | 3代目 |
|---|---|---|
| 100株 | 100株 | 100株 |

① 1代目は2代目に100株全株を贈与し、非上場株式の贈与税の納税猶予の適用を受けました。この時の1株当たりの評価額は200万円（200万円×100株＝2億円）で相続時精算課税制度を適用し、贈与税の納税猶予額は（2億円－2,500万円）×20％＝3,500万円となります。

② 1代目の死亡とともに3,500万円の猶予税額は免除となりますが、

# 第6章 創設された贈与税の納税猶予制度の特例措置の活用ポイント

猶予対象の株式は贈与時の時価（2億円）で「みなし相続」されたものとして、相続財産を取得したものとして課税価格に算入されますが、相続税の納税猶予に切り替えることができます。

③ 2代目は3代目へ特例承継期間経過後に100株全株を生前贈与し、納税猶予の適用を受けました。贈与時点の株式評価額は220万円（220万円×100株＝2億2,000万円）で、相続時精算課税制度を適用し、贈与税の納税猶予額は（2億2,000万円－2,500万円）×20％＝3,900万円となりました。

2代目はこれにより、相続税の納税猶予を受けていた相続税について免除を受けることになります。2代目の特例承継期間は、1代目からの贈与に係る贈与税の申告書の提出期限の翌日以後5年を経過する日までとなります。

(2) 先代経営者は当該会社の株式を100％保有しています。発行済株式総数100株です。

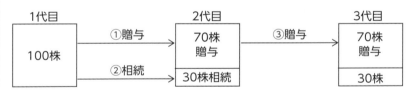

① 1代目経営者は2代目に100株のうち70株を贈与し、非上場株式の贈与税の納税猶予の適用を受けました。この時の1株当たりの評価額は200万円（200万円×70株＝1億4,000万円）で相続時精算課税制度を適用し、贈与税の納税猶予額は（1億4,000万円－2,500万円）×20％＝2,300万円となります。

② 1代目の死亡とともに2,300万円の猶予税額は免除となりますが、猶予対象の株式は贈与時の時価（1億4,000万円）で「みなし相続」されたものとして、相続財産を取得したものとして課税価格に算入され

ますが、相続税の納税猶予に切り替えることができます。そして残り30株（未贈与分）については相続税の納税猶予の適用を受けます。

　相続時点での株式評価額は1株250万円として、1代目からの贈与時点の（1株200万円×70株＝1億4,000万円）＋（1株250万円×30株＝7,500万円）、合計100株、2億1,500万円となり他の相続財産と合わせて計算した結果、相続税の納税猶予額は8,000万円（仮定）とします。

③　2代目は3代目へ特例承継期間経過後に70株を贈与し、非上場株式の納税猶予を受けますが、この贈与時点の1株を300万円とした場合、（300万円×70株＝2億1,000万円）となり、相続時精算課税制度を適用することによって（2億1,000万円－2,500万円）×20％＝3,700万円が贈与税の納税猶予額となります。

　そして2代目は特例承継期間経過後（1代目からの贈与に係る贈与税の申告書の提出期限の翌日以後5年を経過する日）に3代目に納税猶予を受けていた相続税について免除を受けることになります。

1代目の相続税の納税猶予額を②の8,000万円とした場合

8,000万円×1億4,000万円／2億1,500万円≒5,210万円（免除を受ける相続税額）

8,000万円－5,210万円＝2,790万円（相続税の納税猶予額）

2,790万円については、相続税の納税猶予額となります。

| 2代目 | 相続税の納税猶予 | 2,790万円 |
| 3代目 | 贈与税の納税猶予 | 3,700万円 |

2　先代経営者（1代目）から2代目後継者に贈与（納税猶予）し、さらにその後、2代目から3代目に贈与します。3代目は「贈与税の納税猶予」の適用（義務）を受けなければなりません。1代目の死亡により、3代目の納税猶予の贈与税は免除されますが、当該非上場株式等を1代目から相続等により取得したものとみなされ（みなし相続）、相続税の対象となります。「相続税の納税猶予」の対象となりますが、

## 第6章 創設された贈与税の納税猶予制度の特例措置の活用ポイント

　３代目は、この適用を受けるか受けないかは任意です。受けなければ相続財産としての課税対象となります。

★一般措置の贈与税の納税猶予の適用を受けている２代目後継者から３代目後継者への贈与については一定の要件の下で特例制度を適用することもできます。また、１代目の死亡に伴い、３代目が切り替える相続税の納税猶予については特例措置の適用となります。

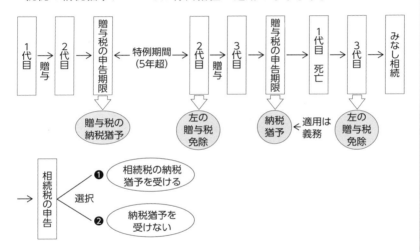

■具体例

　先代経営者は当該会社の株式を100％保有しています。発行済株式総数100株です。

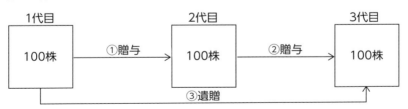

① 　１代目は２代目に100株を贈与し、非上場株式の贈与税の納税猶予

75

の適用を受けました。この時の１株当たりの評価額は200万円（200万円×100株＝２億円）で相続時精算課税制度を適用し、贈与税の納税猶予額は（２億円－2,500万円）×20％＝3,500万円となります。

② 　２代目は３代目に、この100株を贈与し、非上場株式の贈与税の納税猶予の適用を受けました。この時の１株当たりの評価額は250万円（250万円×100株＝２億5,000万円）で、相続時精算課税制度を適用し、贈与税の納税猶予額は（２億5,000万円－2,500万円）×20％＝4,500万円となります。

　　これにより２代目は特例承継期間経過後、３代目に贈与し、納税猶予制度を適用することにより、納税猶予を受けていた贈与税（3,500万円）について免除を受けます。

③ 　１代目が死亡すると、２代目から３代目に贈与した100株の株式については、１代目からの遺贈により３代目が取得したとみなされます。

　　この時の相続税評価額は２代目が１代目から受贈した時の価額、２億円ということになりますが、一定の要件を満たせば相続税の納税猶予に切り替えることができます。この時の株式の相続税評価額は、１代目から２代目への贈与時の価額２億円を引き継ぎますが、相続税の納税猶予額の計算にあたっては、１代目から３代目への遺贈となるので、相続税額の２割加算があることに注意が必要です。ただし、３代目は相続税の納税猶予の適用を受けるか、受けないかは任意となります。

② 後継者（受贈者）が死亡した場合

　特例後継者が贈与者より先に死亡した場合には、先代経営者から特例後継者への贈与税の猶予税額の全額が免除されます。該当することになった日から６か月以内に免除届出書を提出しなければなりません。その際には、３代目が２代目特例後継者から当該非上場株式等の相続等を受けたとされますが、３代目が相続税の納税猶予の適用を受ける受けな

いは任意となります。

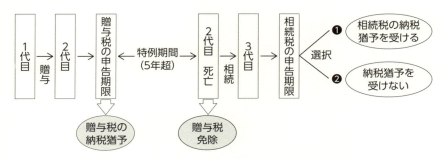

③ 特例承継期間内にやむを得ない理由により会社の代表権を有しなくなった日以後「免除対象贈与」を行った場合

「やむを得ない理由」とは、次に掲げる事由のいずれかに該当することになったことをいいます。

---
① 精神保健および精神障害者福祉に関する法律の規定により精神障害者保健福祉手帳（障害等級が１級である者として記載されているものに限ります。）の交付を受けたこと
② 身体障害者福祉法の規定により身体障害者手帳（身体上の障害の程度が１級または２級である者として記載されているものに限ります。）の交付を受けたこと
③ 介護保険法の規定による要介護認定（要介護状態区分が要介護５に該当する者に限ります。）を受けたこと
④ 上記の①から③までに掲げる事由に類すると認められること
---

「免除対象贈与」とは、この制度の適用を受けている非上場株式等が後継者に贈与され、その後継者が「非上場株式等についての贈与税の納税猶予および免除」の適用を受ける場合における贈与をいいます。

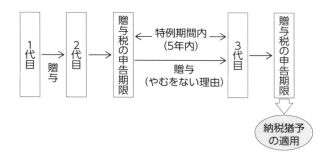

■ 特例期間の経過後に3代目に「免除対象贈与」を行った場合

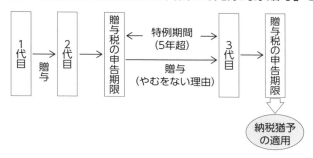

④ 特例期間経過後において、会社について破産手続開始の決定などがあった場合
⑤ 特例期間経過後に、事業の継続が困難な一定の事由が生じた時

## 7　納税猶予の特例活用によって相続人間でモメないために

　相続の際、法定相続人は民法に定める遺留分を取得する権利があります。「相続税の納税猶予制度」を活用しても、他の相続人から先代経営者の死後、「待った」がかかる場合があります。いくら遺言や生前贈与を活用しても、相続財産は被相続人の遺志どおりにはゆかないときが最近多くなっています。そこで民法上の「遺留分制度」の制約の対応策と

して、民法の特例制度を活用して「転ばぬ先の杖」とした方がよいと思われます。

## (1) 遺留分とは

### ① 遺留分の意義

人は、自らの財産を自由に処分することができるはずですが、民法は、相続人の生活の安定や最低限度の相続人間の公平を確保するために、兄弟姉妹およびその子以外の相続人に最低限の相続の権利を保障しています。これが「遺留分」です。被相続人による財産の処分によって、遺留分を侵害された相続人は、遺留分の額以上の財産を取得した相続人に対して、財産の返還を請求することができます。これが「遺留分減殺請求権」です。（民法1031）

(注) 民法改正により、遺留分減殺請求権から生ずる権利が金銭債権化されます。新規定は、平成31年（2019年）7月1日から施行されます。

### ② 遺留分の額の算出方法

次の計算式により算出された遺留分算定基礎財産の価額に遺留分の割合（原則として2分の1。直系尊属だけが相続人の場合は3分の1。）を乗じることによって、相続人全体にとっての遺留分の額を算出します。これに個々の相続人の法定相続分を乗じることによって、個々の相続人が有する遺留分の額を算出します。また、生前贈与された財産を遺留分算定基礎財産に算入すべき価額は、全て相続開始時を基準に評価された価額となりますので、後継者が生前贈与を受けた自社株式の価値が、後継者の努力によって被相続人の相続開始時までの間に上昇した場合には、後継者以外の相続人の遺留分の額が増大する結果となってしまいます。

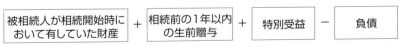

(注) 特別受益とは、被相続人から相続人に対する遺贈または婚姻もしくは養子縁組のためもしくは生計の資本としての贈与をいいます。

【例】相続人　長男、長女、二男

・被相続人の財産（相続開始時）　自宅4,000万円、預貯金4,000万円、
　　　　　　　　　　　　　　　　　自社株式1億2,000万円

・後継者（長男）に生前贈与分　　自社株式4億円

・遺留分算定基礎財産の価額　　　4,000万円＋4,000万円＋1.2億円＋
　　　　　　　　　　　　　　　　　4億円＝6億円

・相続人全体にとっての遺留分の額　6億円×1／2＝3億円

・個々の相続人の遺留分の額　　　長男、長女、二男とも
　　　　　　　　　　　　　　　　　3億円×1／3＝1億円

　後継者（長男）に自己株式1億2,000万円とそれに伴う相続税額分2,000
万円を相続させたとすると、長女、二男とも大きく遺留分の侵害を受け
ていることになるので、後継者の自社株につき遺留分減殺請求をするこ
とができますが、これによって自社株式が相続人間で分散することにな
ります。

### ③ 遺留分放棄制度による対策の限界

　従来の民法においても、非後継者が遺留分の事前放棄をすることに
よって、遺留分に係る紛争を未然に防止することが可能でした。しかし
ながら、遺留分の事前放棄による対策には、以下のような限界がありま
した。

①　非後継者の手続負担

　遺留分の事前放棄は、遺留分を放棄しようとする者が自ら個別に家
庭裁判所に申立てをして、許可を受ける必要があります。非後継者に
とっては、何らメリットもないのに、このような手続をしなければな
らないというのは、相当な負担となります。

②　遺留分算定基礎財産に算入すべき価額の固定化

第6章 創設された贈与税の納税猶予制度の特例措置の活用ポイント

　　自社株式のように、後継者の貢献が価値の変動に影響を及ぼす財産
　について、一切遺留分を主張することができないことには非後継者
　の同意を得られないが、一定時点における価額に固定し、その後の価
　値上昇分に対しては遺留分を主張しないということには同意を得るこ
　とができる場合も考えられます。しかしながら、遺留分の事前放棄で
　は、遺産全てに対する遺留分を放棄するか、遺留分の一部を放棄する
　場合であっても特定の財産の全部を放棄するしかなく、推定相続人全
　員の同意があったとしても、予め特定の財産について遺留分算定基礎
　財産に算入すべき価額を固定することはできません。

## ⑵　民法の特例

### ①　2つの特例

　以上のような遺留分制度による制約を解決するため、後継者が先代経
営者からの贈与等により取得した自社株式について、先代経営者の推定
相続人（相続が開始した場合に相続人となるべき者のうち兄弟姉妹およ
びこれらの者の子以外のものに限られます。以下同じです。）全員の合
意を前提として、次の2つの特例制度が創設されています。

　1　その価額を遺留分算定基礎財産に算入しないこと（「除外合意」）。
　2　遺留分算定基礎財産に算入すべき価額を予め固定すること（「固
　　定合意」）。

### ②　除外合意

　後継者が先代経営者からの贈与等により取得した株式等は、その贈与
がいつ行われたものであっても、民法の規定によれば、「特別受益」と
して全て遺留分算定基礎財産に算入され、原則として、遺留分減殺請求
の対象となります。

　しかしながら、当該株式等を除外合意の対象とすれば、遺留分算定基礎
財産に算入されなくなり、遺留分減殺請求の対象にもならなくなります。

81

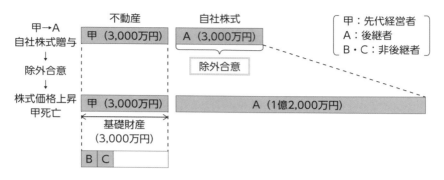

### ③ 固定合意

　後継者が先代経営者からの贈与等により取得した株式等を遺留分算定基礎財産に算入する価額は、相続開始時を基準とする評価額です。下図のとおり、贈与時に3,000万円だった自社株式の価値が相続開始時には１億2,000万円に上昇していた場合には、その価値上昇が後継者の努力によるものであったとしても、上昇後の１億2,000万円が遺留分算定基礎財産に算入されます。

　これに対して、当該株式等を固定合意の対象とすれば、遺留分算定基礎財産に算入すべき価額が3,000万円となり、価値上昇分9,000万円は遺留分算定基礎財産に算入されなくなります。

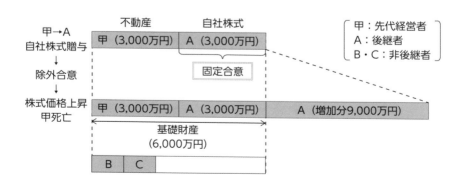

④　手続

　上記の除外特例も固定特例も、先代経営者の推定相続人全員の合意を前提とし、経済産業大臣の確認および家庭裁判所の許可を受けることによって、当該合意の効力が発生します。

■遺留分減殺請求に関わる民法改正（2019年7月1日施行）

・現行法では遺留分減殺請求権の行使の結果、それぞれの財産について共有関係が生じることになります。その結果、不動産も株式も共有状態に陥り共有物の分割の手続をしなければなりません。改正により、遺留分減殺請求権の効果を見直し、遺留分に関する権利が行使されたとしても、遺留分に満たない部分は金銭債権で解決できるようになります。
・遺留分算定基礎財産についても、何十年前の生前贈与もその対象になっていたのが、相続人に対する贈与は相続開始前10年間に生前贈与されたものに限りその対象とすることになります（相続人以外は1年間）。

# 第7章

# 創設された相続税の納税猶予制度の特例措置の活用ポイント

　平成30年度以降にオーナー経営者が亡くなり、相続税の納税猶予の特例を受けようとするためには「都道府県知事の認定」と「税務署への申告」が必要となります。亡くなってから8か月以内に都道府県知事に経営承継円滑化法に基づく認定を申請し、10か月以内に税務署に対し、認定書の写しを添付して、相続税の申告書を提出します。

　その後、5年間は毎年1回、都道府県へ「年次報告書」を、税務署へ「継続届出書」を提出します。6年目以降は3年に1回、税務署へ「継続届出書」を提出することになります。

■非上場株式等の相続税の納税猶予・免除の概要

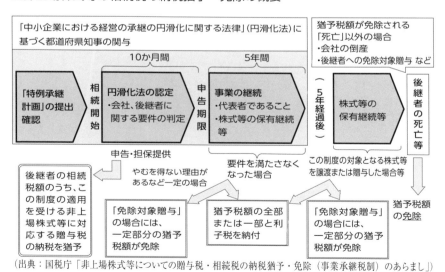

（出典：国税庁「非上場株式等についての贈与税・相続税の納税猶予・免除（事業承継税制）のあらまし」）

**第7章** 創設された相続税の納税猶予制度の特例措置の活用ポイント

## ■ 相続税の納税猶予についての手続

**提出先**
- ●提出先は「主たる事務所の所在地を管轄する都道府県庁」です。
- ●平成30年1月1日以降の贈与について適用することができます。

**都道府県庁**

**特例承継計画の策定 ①**
- ●会社が作成し、認定支援機関（商工会、商工会議所、金融機関、税理士等）が所見を記載。
- ※「特例承継計画」は、当該会社の後継者は承継時まで経営見通し等が記載されたものをいいます。
- ※認定支援機関であれば、顧問税理士でも所見を記載できます。

**相続の開始 ②**
- ●平成35年（2023年）3月31日まで提出可能。
- ※平成35年（2023年）3月31日までに相続・贈与を行う場合、相続・贈与後に承継計画を提出することも可能。

**認定申請 ③**
- ●相続の開始8か月以内に申請。
- ●承継計画を添付。

**税務署**

**税務署へ申告 ④**
- ●認定書の写しとともに相続税の申告書等を提出。

**都道府県庁**

**申告期限後5年間 ⑤**
- ●都道府県庁へ「年次報告書」を提出（年1回）。
- ●税務署へ「継続届出書」を提出（年1回）。

**5年経過後実績報告 ⑥**
- ●雇用が5年平均8割を下回った場合には、満たせなかった理由を記載し、認定支援機関が確認。その理由が、経営状況の悪化である場合等には認定支援機関から指導・助言を受ける。

**税務署**

**6年目以降 ⑦**
- ●税務署へ「継続届出書」を提出（3年に1回）。

（出典：中小企業庁「納税猶予を受けるための手続」一部加工）

85

## 1 まず承継計画を策定する
　―特例措置を適用するしないに関わらず策定を―

　「特例承継計画」とは、「中小企業における経営の承継の円滑化に関する法律施行規則」(以下「円滑化省令」といいます。)第16条第1号の計画のことをいいます(なお、「一般措置」については、承継計画の策定等は不要です。)。特例措置の適用を受けるためには、まず会社の後継者や承継時までの経営見通し等を記載した「特例承継計画」を策定し、認定経営革新等支援機関(税理士や商工会議所等)の所見を記載のうえ、平成35年(2023年)3月31日までに都道府県知事に提出し、その確認を受けなければなりません。

特例承継計画(様式21)の策定・提出・確認  平成35年(2023年)までに

## 2 相続の開始(8か月以内に認定申請)
　―期限内に遺産分割するため遺言書が必須―

　特例措置については、平成30年(2018年)1月1日から平成39年(2027年)12月31日までの間の非上場株式等の相続等であることが要件となっています。

　また、事業承継税制の適用を受けようとする者が、その会社の非上場株式等について既に事業承継税制の適用を受けている場合には、最初のその適用に係る贈与・相続等の日から(特例)経営(贈与)承継期間の末日までの間に贈与税・相続税の申告期限が到来する非上場株式等の贈与・相続等であることが特例措置適用の要件となっています(50ページ参照)。

(1) **相続開始後の被相続人の要件**

　特例措置の適用対象となる被相続人は次のいずれにも該当する者をいいます。

### 第7章 創設された相続税の納税猶予制度の特例措置の活用ポイント

① 代表権を有していたこと

　特例会社の代表権（制限が加えられたものを除きます。）を有していた個人であれば要件を満たします。したがって、相続の直前に代表権を有していなくとも、過去に特例会社の代表権をいずれかの時期に有していれば可となります。

② 同族関係者のなかで筆頭株主であること

　相続直前において、先代経営者（被相続人）と同族関係者で発行済議決権株式総数の50％超の株式を有し、かつ、その同族関係者（特例承継者を除きます。）のなかで筆頭株主であったことが必要です。

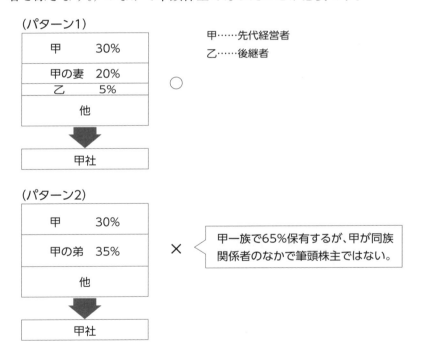

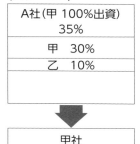

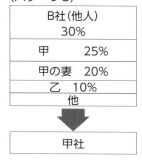

③ 上記①②の要件が不要の場合

　相続開始の直前において、既に事業承継税制の適用を受けている者が

ある場合等には、上記①②の要件は不要となります。

同族関係者とは以下に掲げる者をいいます。

| ① | 特例後継者の親族（三姻族、六親等内） |
|---|---|
| ② | 特例後継者と事実上婚姻関係にある者 |
| ③ | 特例後継者の使用人 |
| ④ | 特例後継者から経済的援助を受けて生計を維持している者 |
| ⑤ | ②～④に掲げる者と生計を一にするこれらの者の親族 |
| ⑥ | 以下のイ～ハに掲げる会社<br>イ　特例後継者および①～⑤に掲げる者が総議決権数の50％超保有する会社<br>ロ　特例後継者および①～⑤に掲げる者ならびにイの会社が総議決権数の50％超保有する会社<br>ハ　特例後継者および①～⑤に掲げる者ならびにイ、ロの会社が総議決権数の50％超保有する会社 |

## (2)　相続開始後の特例後継者の要件

### ①　代表権を有していること

相続開始から5か月を経過する日に特例会社の代表権を有していること。

### ②　議決権を保有していること

相続開始の時において、後継者および後継者と特別の関係がある者で、総株主等議決権数の50％超の議決権数を保有することとなること。

---

①　後継者が1人の場合

相続開始の時において、後継者が有する議決権数が、後継者と特別の関係がある者のなかで最も多くの議決権数を保有することとなること。

②　後継者が2人または3人の場合

相続開始の時において、それぞれの後継者が有する議決権数が、総議決権数の10％以上であり、かつ、後継者と特別の関係がある者（他の特例後継者を除きます。）のなかで最も多くの議決権数を保有することとなること。

---

89

③　役員であること

相続開始の直前において、会社の役員であること（被相続人が60歳未満で死亡した場合を除きます。）。

役員とは、会社法第329条第1項の役員としての地位をいい、持分会社の場合は業務執行役員をいいます。

## 3　相続税の申告
―期限内申告を厳守―

特例措置の適用を受けるには、次の(1)～(3)の要件を全て満たさなくてはなりません。

### (1)　期限内申告

相続の開始（死亡）があったことを知った日の翌日から10か月以内に、所轄の税務署に相続税の申告をしなければなりません。

| 相続の開始があったことを知った日 | | 10か月以内に相続税の申告書を税務署に提出 |
|---|---|---|

### (2)　遺産分割

特例措置の適用を受けることができるのは、相続税の申告書の提出期限までに、共同相続人または包括受贈者によって遺産が分割されているものに限ります。

### (3)　添付書類および記載事項

特例措置の適用を受けようとする特例後継者は、相続税の申告書に特例措置の適用を受けようとする旨の記載をし、非上場株式等の明細および納税猶予分の計算に関する明細、その他省令で定める事項を記載した書類の添付を必要とします。

## 第7章 創設された相続税の納税猶予制度の特例措置の活用ポイント

## 4　納税猶予がある場合の相続税の計算方法

[ステップ1]

　課税価格の合計額に基づいて計算した相続税の総額のうち、後継者の課税価格に対応する相続税を計算します。

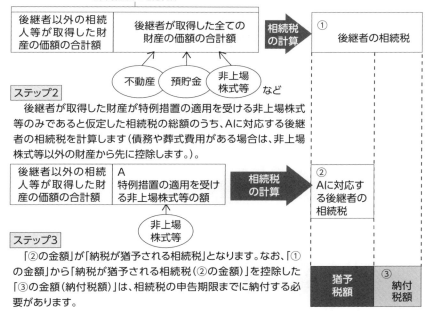

[ステップ2]

　後継者が取得した財産が特例措置の適用を受ける非上場株式等のみであると仮定した相続税の総額のうち、Aに対応する後継者の相続税を計算します（債務や葬式費用がある場合は、非上場株式等以外の財産から先に控除します。）。

[ステップ3]

　「②の金額」が「納税が猶予される相続税」となります。なお、「①の金額」から「納税が猶予される相続税（②の金額）」を控除した「③の金額（納付税額）」は、相続税の申告期限までに納付する必要があります。

【事例】

遺産総額：10億円、債務・葬式費用等：計2億円、相続人は長男と長女、長男は特例後継者で長女は一切関わり合いがない。長男は特例措置の対象となる非上場株式4億円とその他財産4億円、それに債務等2億円を取得し、一方の相続人長女は2億円の財産を相続する。

ステップ1

　課税価格の合計額に基づいて計算した相続税の総額のうち、後継者の課税価格に対応する相続税を計算します。

| 後継者以外の相続人等が取得した財産の価額の合計額 | 後継者が取得した全ての財産の価額の合計額 | 相続税の計算 | ①<br>後継者・長男の相続税<br>（2億2,125万円） |
|---|---|---|---|
| 2億円 | 4億円＋4億円－2億円＝6億円 | | |

1.　正味遺産額を計算（課税価格の合計額）

　　4億円（特例対象株式）＋6億円（その他財産）－2億円（債務等）＝8億円

2.　課税遺産総額を計算

　　8億円－（3,000万円＋600万円×2人）＝7億5,800万円
　　　　　　　　　　（基礎控除額）

3.　相続税額（法定相続分の割合で相続したとして相続税の総額の計算）

　　7億5,800万円×1/2（法定相続分）＝3億7,900万円　《長男》

　　7億5,800万円×1/2（法定相続分）＝3億7,900万円　《長女》

　　3億7,900万円×50%－4,200万円＝1億4,750万円　《長男》
　　　　　　　（相続税の速算表より）

　　同額　　　　　　　　　　　　1億4,750万円　《長女》

　　長男（1億4,750万円）＋長女（1億4,750万円）＝2億9,500万円　《相続税の総額》

　　長男の相続税納税額　2億9,500万円×6億円/8億円＝ 2億2,125万円　《後継者の税額》

　　長女の相続税納税額　2億9,500万円×2億円/8億円＝　　7,375万円
　　　　　　　　　　　　　　　　　　　　　　　　計　2億9,500万円

ステップ2

　後継者が取得した財産が「特例措置対象株式」のみであると仮定した相続税の総額のうち、長男に対応する後継者の相続税を計算します（債務等がある場合には、非上場株式等以外の財産から先に控除します。）。

| 後継者以外の相続人等が取得した財産の価額の合計額 | A<br>特例措置の適用を受ける非上場株式等の額 | 相続税の計算 | ②<br>Aに対応する<br>後継者の相続税<br>（1億3,140万円） |
|---|---|---|---|
| 2億円 | 4億円 | | |

1.　正味遺産額を計算（課税価格の合計額）

　　4億円（特例対象株式）＋2億円（長女が取得する財産）＝6億円

2.　課税遺産額を計算

　　6億円－（3,000万円＋600万円×2人）＝5億5,800万円

第7章 創設された相続税の納税猶予制度の特例措置の活用ポイント

3.　相続税額

長男の法定相続分　5億5,800万円×1/2＝2億7,900万円

長女の法定相続分　5億5,800万円×1/2＝2億7,900万円

2億7,900万円×45％－2,700万円＝9,855万円　《長男》

（相続税の速算表より）

2億7,900万円×45％－2,700万円＝9,855万円　《長女》

長男（9,855万円）＋長女（9,855万円）＝1億9,710万円　《相続税の総額》

長男の相続税納税額　1億9,710万円×4億円/6億円＝1億3,140万円

（注）　「A」の算定にあたり、後継者が負担した債務や葬式費用の金額がある場合には、非上場株式等以外の部分から先にその金額を控除して計算します。

　　　「A」の算定にあたり、この制度の適用を受ける非上場株式等に係る会社等が一定の外国会社等の株式等を有する場合には、その外国会社等の株式等を有していなかったものとして計算した価額となります。

ステップ3

ステップ2 の②の金額1億3,140万円が「納税が猶予される相続税」となります。したがって、「 ステップ1 の①の金額2億2,125万円－ ステップ2 の②の金額1億3,140万円＝8,985万円」が相続税の申告期限までに納付する金額となります。

【担保提供】

　納税が猶予される相続税額および利子税の額に見合う担保を税務署に提供しなければなりません。

　この制度の適用を受ける非上場株式等の全てを担保として提供した場合には、納税が猶予される相続税額および利子税の額に見合う担保の提供があったものとみなされます。

## 5　申告期限後5年間の注意点
### ―資産管理会社に該当した場合は6か月以内に脱出する―

　相続税の申告後引き続き、この制度の適用を受けた非上場株式等を保有すること等により、納税の猶予が継続されます。

　ただし、この制度の適用を受けた非上場株式等を譲渡するなど一定の場合（確定事由）には、納税が猶予されている相続税の全部または一部

について利子税利子税と併せて納付する必要があります（「免除対象贈与」に該当する場合には、一定部分の納税猶予額が免除されます。）。

## (1) 納税が猶予されている相続税を納付する必要がある場合

■特例経営承継期間内

| 特例承継期間内の主な認定取消要件 |
|---|
| ・従業員数の80%維持ができなかったとき |
| ・性風俗会社に該当したとき |
| ・資産管理会社になったとき |
| ・総収入金額がゼロとなったとき |
| ・後継者（同族含む）が筆頭株主でなくなったとき |
| ・後継者が同族の筆頭株主でなくなったとき |
| ・先代経営者が代表に再登場したとき |
| ・96ページの表参照 |

　特例期間内に、96ページの表の「A」に該当することになった場合、納税猶予期限の確定事由に該当することとなった日から2か月を経過する日までに、納税が猶予されている相続の税額の全部または一部と利子税を納付しなければなりません。

　「（特例）経営承継期間」とは、この制度の適用に係る相続税の申告期限の翌日から、次の①、②のいずれか早い日と後継者の死亡の日の前日の早い日までの期間をいいます（以下同じです。）。

> ① 後継者の最初のこの制度の適用に係る相続税の申告期限の翌日以後5年を経過する日
>
> ② 後継者の最初の「非上場株式等についての贈与税の納税猶予および免除」の適用に係る贈与税の申告期限の翌日以後5年を経過する日

## 第7章 創設された相続税の納税猶予制度の特例措置の活用ポイント

### ■特例経営承継期間経過後

| 特例承継期間後の主な期限確定要件 |
|---|
| ・資産管理型会社になったとき |
| ・総収入金額がゼロになったとき |
| ・会社を解散・分割型分割をすること |
| ・税務署に報告をしなかったとき |
| ・後継者が、対象株式を譲渡・贈与したとき |

　特例期間経過後に、次ページの表の「B」に該当することになった場合、つまり納税猶予の期限の確定事由が生じた場合には、全額または特例適用株式の総数に対する譲渡等をした特例適用株式等の割合に応じて、該当することとなった日から2か月を経過する日までに猶予税額を納付しなければなりません。

（注）　譲渡等した部分に対応しない相続税については、引き続き納税が猶予されます。

　次ページの表の「C」に該当した場合には、引き続き納税が猶予されます。

　次ページの表②について、円滑化省令では、下回った理由等を記載した報告書（認定経営革新等支援機関の意見が記載されているものに限ります。）を都道府県知事に提出し、確認を受けることとされています。なお、その報告書および確認書の写しは継続届出書に添付することとされています。雇用の平均は、特例期間の末日に判定することになります。

| 納税猶予税額を納付する必要がある場合<br>≪≫内は該当日 | | 特例期間内 | 特例期間<br>経過後 |
|---|---|---|---|
| ① | 特例後継者が**代表権を有しないこととなった場合**（ただし、「やむを得ない理由」を除きます。この場合、当該株式を次の後継者に贈与し、その後継者が猶予の特例適用を受ければ猶予税額が免除されます。）<br>≪有しないこととなった日≫ | A | C |
| ② | 一定の基準日（特例期間の末日）における雇用の平均が「**相続時の雇用の80％を下回った場合**（ただし、認定経営革新等支援機関の意見が記載される等一定の確認があれば猶予）<br>≪基準日≫ | A または C | C |
| ③ | 特例後継者とその同族関係人が**有する議決権数が50％以下**となった場合<br>≪50％以下となった日≫ | A | C |
| ④ | 同族関係者のうちいずれかが**特例後継者の議決権を超える議決権数を保有することとなった場合**<br>≪その超えることとなった日≫ | A | C |
| ⑤ | 特例後継者が、**特例適用株式の一部を譲渡または贈与した場合**（ただし、「やむを得ない理由」や「経営環境の変化があった場合」と認められる場合は要計算）<br>≪譲渡日または贈与日≫ | A | B<br>（要計算） |
| ⑥ | 特例後継者が**特例適用株式の全部を譲渡または贈与した場合**（ただし、「やむを得ない理由」や「経営環境の変化があった場合」は要計算）<br>≪譲渡日または贈与日≫ | A | B<br>（要計算） |
| ⑦ | 特例会社が**会社分割**をし、吸収分割会社等の株式等を配当財産とする剰余金の配当があった場合<br>≪会社分割がその効力を生じた日≫ | A | B |
| ⑧ | 特例会社が**組織変更**し、特例会社の株式等以外の財産の交付があった場合<br>≪組織変更がその効力を生じた日≫ | A | B |
| ⑨ | 特例会社が**解散**をした場合（合併により消滅する場合を除きます。）、または、会社法その他の法律の規定により解散をしたとみなされた場合（ただし、「経営環境の変化があった場合」は要再計算）<br>≪解散をした日または解散をしたとみなされた日≫ | A | A<br>（要計算） |
| ⑩ | 特例会社が**資産保有型会社または資産運用型会社**に該当することとなった場合<br>≪該当することとなった日≫ | A | A |

**第7章** 創設された相続税の納税猶予制度の特例措置の活用ポイント

| 納税猶予税額を納付する必要がある場合<br>≪≫内は該当日 | 特例期間内 | 特例期間<br>経過後 |
|---|---|---|
| ⑪ 特例会社の事業年度における**総収入金額がゼロ**になった場合（営業外収益および特別利益は除外）<br>≪その事業年度終了の日≫ | A | A |
| ⑫ 特例会社が**資本金の額の減少または資本準備金の額を減少**をした場合（ただし、これらの減少が、減少する資本金の額の全部を準備金とする場合および欠損填補目的の減資の場合を除きます。）<br>≪これらの減少がその効力を生じた日≫ | A | A |
| ⑬ 特例後継者が**納税猶予の適用をやめる旨の届出書**を税務署に提出した場合<br>≪その届出書の提出があった日≫ | A | A |
| ⑭ 特例会社が**適格合併以外の合併により消滅**した場合（ただし、「経営環境の変化があった場合」に合併により消滅した場合には要計算）<br>≪合併がその効力を生じた日≫ | A | B<br>（要計算） |
| ⑮ 特例会社が**適格交換以外の株式交換、株式移転**により他の会社の株式交換完全子会社等となった場合（ただし、「経営環境の変化があった場合」に他の会社の株式交換完全子会社になった場合には要計算）<br>≪株式交換等がその効力を生じた日≫ | A | B<br>（要計算） |
| ⑯ 特例会社の株式等が**非上場株式等に該当しない**こととなった場合<br>≪該当しないこととなった日≫ | A | C |
| ⑰ 特例会社または特定特別関係会社が**風俗営業会社に該当**することとなった場合<br>≪該当することとなった日≫ | A | C |
| ⑱ 特例会社が発行する拒否権付株式、いわゆる**黄金株**を特例後継者以外の者が有することとなったとき<br>≪その有することとなった日≫ | A | C |
| ⑲ 特例会社が納税猶予適用株式等の全部または一部の種類を**議決権の制限のある株式に変更した場合**<br>≪その変更した日≫ | A | C |
| ⑳ 年次報告書や**継続届出書を未提出**または虚偽の報告等をしていた場合等 | A | A |

97

(2) **納税猶予期間中**

　引き続きこの制度の適用を受けるには、「継続届出書」に一定の書類を添付して税務署へ提出する必要があります。特例経営承継期間内は毎年、その期間の経過後は３年ごとに提出します。経営承継円滑化法の認定を受けた会社も特例承継期間内は毎年、都道府県知事に対して一定の書類を提出しなければなりません。「継続届出書」の提出がない場合には、猶予されている相続税の全額と利子税を納付しなければなりません。

(3) **納税が猶予されている相続税の納付が免除される場合**

① **後継者が死亡した場合**

　特例後継者の死亡等があった場合には、「免除届出書」・「免除申請書」を提出することにより、その死亡等があったときに納税が猶予されている相続税の全部または一部について、その納付が免除されます。その際には、該当することとなった日から６か月以内に免除届出書を提出しなければなりません。以下のように１代目に係る相続税の猶予税額全額は免除になりますが、２代目後継者死亡に伴い、特例株式等の相続・遺贈を受けた者（３代目）は相続税の納税猶予の適用対象となり得ます。適用を受ける、受けないは任意となります。

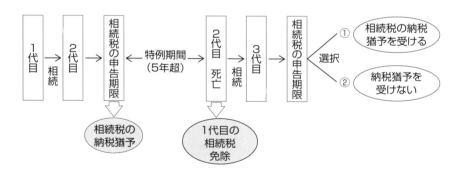

② 特例期間内において「やむを得ない理由」により会社の代表権を有しなくなった日以後に「免除対象贈与」を行った場合

「やむを得ない理由」とは、次に掲げる事由のいずれかに該当することになったことをいいます。

---

① 精神保健および精神障害者福祉に関する法律の規定により精神障害者保健福祉手帳（障害等級が1級である者として記載されているものに限ります。）の交付を受けたこと

② 身体障害者福祉法の規定により身体障害者手帳（身体上の障害の程度が1級または2級である者として記載されているものに限ります。）の交付を受けたこと

③ 介護保険法の規定による要介護認定（要介護状態区分が要介護5に該当する者に限ります。）を受けたこと

④ 上記の①から③までに掲げる事由に類すると認められること

---

「免除対象贈与」とは、この制度の適用を受けている非上場株式等が後継者に贈与され、その後継者が「非上場株式等についての贈与税の納税猶予および免除」の適用を受ける場合における贈与をいいます。

「特例期間内」に、特例後継者が一定の「やむを得ない理由」により代表権を有しないこととなった場合、特例後継者が、特例対象株式等を3代目に贈与し、3代目が本贈与税の納税猶予の適用を受ける場合の免除税額は以下の式で計算されます。

$$\boxed{免除税額} = 1代目に係る相続税の猶予税額 \times \frac{2代目から贈与した特例対象非上場株式等の数}{2代目の贈与の直前における当該特例対象株式等の数}$$

③ 特例期間経過後に特例後継者が特例対象株式等を3代目に生前贈与し、3代目が贈与税の納税猶予の適用を受ける場合

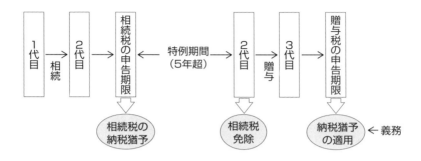

④ 特例期間の経過後に会社について破産開始の決定などがあった場合

特例会社について、特例期間の末日以後に、破産手続き開始の決定または特別清算開始の命令があった場合には、猶予税額の全額が免除されます。

⑤ 特例期間の経過後に事業の継続が困難な一定の事由が生じた場合において会社を譲渡・解散した場合

## 6 経営環境の変化（悪化）に対応した免除
―連続赤字など―

平成30年度税制改正において、特例期間経過後に確定事由が生じた場合、一定の要件を満たす場合には、納付すべき税額を再計算し、当初猶予税額との差額を免除する措置が講ぜられました。

第7章 創設された相続税の納税猶予制度の特例措置の活用ポイント

| 承継時株価総額　5億円 |
| 納税猶予税額　2億円 |

20年後 →

| 売却価額　1億円 |
| ⇩ |
| 再計算 |
| ⇩ |
| 売却価額に基づいた税額4,000万円 |

　一般措置では、猶予期間中に経営環境が悪化した場合、法的な倒産等による納税猶予額の免除や再生計画の認可決定があった場合には、納税猶予税額の再計算の特例等が設けられています（ただし、再計算した相続税額（または贈与税額）と直前配当等の合計額が当初の納税猶予額に満たないことが要件）。しかし、例のように一般措置では経営承継時の株価の相続税評価額をもとに、何年か後に計算した猶予税額と猶予税額に対応する「利子税」が過大な負担となることから、特例措置では、経営環境が悪化したことにより、一般措置のように法的な倒産等ではなく、特例後継者が自主的に解散、特例会社の株式の譲渡、合併等を行った場合でも確定事由に該当することになりました。

　具体的には、経営環境の変化（悪化）を示す次の①〜⑤の要件を満たす場合において、特例期間の末日の翌日以後に、以下1〜4の「**一定の事由**」が生じた場合に猶予税額の免除が可能となりました。なお、特例期間中に同様の事態が生じた場合には免除ではなく猶予税額が確定します。

101

| 一定の事由 | 1 | 特例後継者が特例会社の株式の全部または一部を譲渡または贈与した場合（以下「譲渡等」といいます。） |
| | 2 | 特例会社が合併により消滅した場合（以下「合併」といいます。） |
| | 3 | 特例会社が株式交換または株式移転する場合（以下「株式交換等」といいます。） |
| | 4 | 特例会社が解散する場合 |

（注）　1については、特例後継者と特別な関係がある者以外の者に対する譲渡等に限られます。

　　　　2および3については吸収合併存続会社等または他の会社（親会社）が特例後継者と特別の関係がある者以外である場合に限られます。


## ■経営環境の変化を示す一定の要件

| ① | 赤字 | 直前の事業年度終了の日以前3年間のうち2年以上、特例会社が赤字である場合 |
| ② | 売上減少 | 直前の事業年度終了の日以前3年間のうち2年以上、特例会社の売上高が、その年の前年の売上高に比して減少している場合 |
| ③ | 有利子負債 | 直前の事業年度終了の日における特例会社の有利子負債の額が、その日の属する事業年度の売上高の6か月分に相当する額以上である場合 |
| ④ | 同一業種株価下落 | 特例会社の事業が属する業種に係る上場会社の株価（直前の事業年度終了の日以前1年間の平均）が、その前年の1年間の平均より下落している場合 |
| ⑤ | 特段の理由 | 特例後継者が特例会社における経営を継続しない特段の理由があるとき<br>心身の故障等により特例後継者による事業の継続が困難な場合（譲渡・合併のみ）など |

（注）　特例会社の非上場株式の譲渡等が直前の事業年度終了の日から6か月以内に行われた時は①～③までについて、当該譲渡等が同日後1年以内に行われたときは④について、それぞれ「直前の事業年度終了の日」を「直前の事業年度終了の日の1年前の日」とした場合に、それぞれに該当することについても「経営環境の変化を示す一定の要件を満たす場合」に該当するものとされます。

## 第7章 創設された相続税の納税猶予制度の特例措置の活用ポイント

### (1) 赤字

　直前事業年度とは、特例後継者または特例会社が上記4事由に該当することとなった日の属する事業年度の前事業年度をいいます。ただし、直前事業年度の終了の日の翌日以後6か月を経過する日以後に一定の事由に該当することとなった場合には、直前事業年度およびその直前の2事業年度のうち2以上の事業年度において赤字である場合もこの要件を満たします。

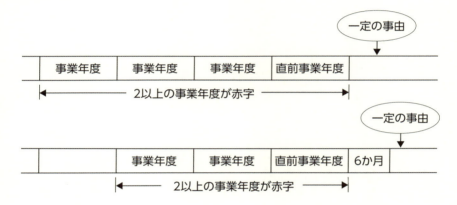

（注）　特例会社が赤字であるかどうかの判断は、経常利益が赤か黒かということです。

### (2) 売上減少

　直前事業年度とは、特例後継者または特例会社が上記4事由に該当することとなった日の属する事業年度の前事業年度をいいます。ただし、直前事業年度の終了の日の翌日以後6か月を経過する日以後に一定の事由に該当することとなった場合には、直前事業年度およびその直前の2事業年度のうち2以上の事業年度において、その前事業年度の平均総収入金額を下回っている場合もこの要件を満たします。

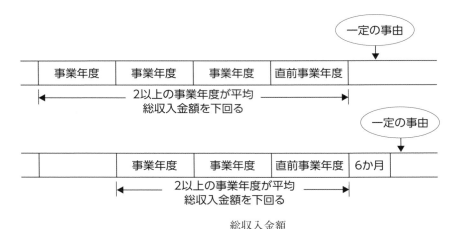

(注) 平均総収入金額 = $\dfrac{総収入金額}{その総収入金額に係る事業年度の月数}$

月数は暦によって計算し、1か月に満たない端数は1か月とします。
総収入金額とは、事業活動から生ずる、いわゆる売上額で、受取配当、受取利息、固定資産売却益などの営業外収益や特別利益以外のものとされています。

### (3) 有利子負債

次の①または②のいずれかの事由に該当することとされます。ただし、直前事業年度の終了の日の翌日以後6か月を経過する日以後に一定の事由に該当することとなった場合には、①に該当するか否かにより判定します。

---

① 特例会社の直前事業年度の終了の日において
　負債の簿価≧直前事業年度の平均総収入金額の6か月分
② 特例会社の直前事業年度の前事業年度の終了の日において
　負債の簿価≧直前事業年度の前事業年度の平均総収入金額の6か月分

---

負債の定義については、利子の支払の基因となるものに限られます。さらに、特例後継者と特別の関係がある者に対しての債務も除かれます。

## (4) 同一業種株価下落

次の①または②のいずれかに該当しなければなりません。

---

① 判定期間における業種平均株価＜前判定期間（判定期間の開始前1年間）の業種平均株価
② 前判定期間における業種平均株価＜前々判定期間（前判定期間の開始前1年間）の業種平均株価

---

**判定期間**……直前事業年度の終了の日の1年前の日の属する日から同日以後1年を経過する日までの期間

**業種平均株価**……特例会社の事業が該当する業種に属する事業を営む上場会社（金融商品取引法第2条第16項に規定する金融商品取引所に上場されている株式を発行している会社）の株式の価格の平均値。実際には各判定期間に属する各月における上場株式平均株価を合計した数を12で割った値です。

## (5) 特段の理由

これは、特例受贈者等による特例会社の事業継続が困難になったということです。特例会社の株式の譲渡、贈与、合併、株式交換、株式移転（解散は対象外）のいずれかに該当することになった時、特例会社の役員（取締役、会計参与および監査役）または業務を執行する社員であった特例受贈者等が、心身の故障その他の事由により、当該特例会社の業務に従事することができなくなった場合をいいます。

## 【参考】事業の継続が困難な事由が生じた場合の納税猶予額の免除について（特例措置）

特例経営（贈与）承継期間の経過後に、事業の継続が困難な一定の事由が生じた場合（注1）に特例措置の適用に係る非上場株式等の譲渡等をした場合は、その対価の額（譲渡等の時の相続税評価額の50％に相当

する金額が下限になります（注２）。）を基に相続（贈与）税額等を再計算し、再計算した税額と直前配当等の金額との合計額が当初の納税猶予税額を下回る場合には、その差額は免除されます（再計算した税額は納付）。

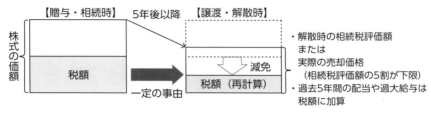

（注１）　①過去３年間のうち２年以上赤字の場合、②過去３年間のうち２年売上減の場合、③有利子負債≧売上の６か月分の場合、④類似業種の上場企業の株価が前年の株価を下回る場合、⑤心身の故障等により後継者による事業の継続が困難な場合（譲渡・合併のみ）
（注２）　譲渡から２年後において、譲渡等の時の雇用の半数以上が維持されている場合には、実際の対価の額に基づく税額との差額は、その時点で減免されます。

## 7 免除税額

ⓐは譲渡時等の特例会社株式の相続税評価額
ⓑは対価の額

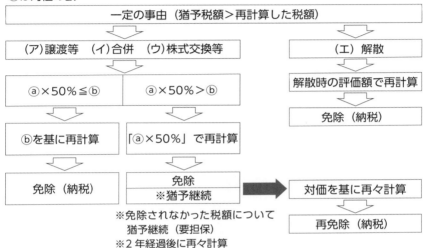

【例】 発行株式総数100株。先代経営者80株、その配偶者12株、後継者8株をそれぞれ所有しています。

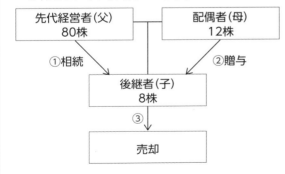

① 先代経営者（父）の死亡に伴い、父から80株を相続し、非上場株式の納税猶予の適用を受けました。

この時の1株当たりの評価額は200万円で、(200万円×80株＝1億6,000万円)、相続税の納税猶予は5,000万円(仮定)となりました。

② その後、母から12株の贈与を受け、非上場株式の贈与税の納税猶予の適用を受けました。この時の1株当たりの評価額は250万円で、250万円×12株＝3,000万円で相続時精算課税制度を適用し、贈与税の納税猶予額は(3,000万円−2,500万円)×20％＝100万円となりました。

③ 特例承継期間経過後、後継者は所有株100株のうち90株を譲渡しました。

| ①当初から所有 | 8株 |
|---|---|
| ②父からの取得 | 80株 |
| ③母からの取得 | 12株 |
| 計 | 100株 |

後継者は100株のうち90株を譲渡したとすると、納税猶予されていた税額と利子税を納めなければなりません。

この場合は、後継者が所有している株式のうち、納税猶予の適用対象となっていない株式から譲渡したとします。そして納税猶予の適用株式については、古いもの、つまり先に株式取得したものから順次売却したものとみなされます。

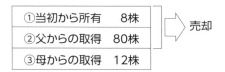

父からの80株と母からの12株のうち2株が対象となります。
・父からの80株は全て、相続税の納税猶予額の全額5,000万円と利子税を納付しなければなりません。
・母からの12株のうち2株、贈与税の納税猶予額100万円×2株／12株＝16万円と利子税を納付しなければなりません。
・(100万円−16万円＝84万円)については、納税猶予は継続されます。したがって、母死亡時は一定の要件下、相続税の納税猶予に切り替えることも可能です。

# 第7章 創設された相続税の納税猶予制度の特例措置の活用ポイント

【例】
(1) ⓐ×50%≦ⓑ、(ア)譲渡等、(イ)合併、(ウ)株式交換等における特例株式の相続税評価額が(ア)(イ)(ウ)の対価の額以下の場合または(エ)解散の場合

(ア)譲渡等をした日、(イ)合併または(ウ)株式交換等が効力を生じた日、(エ)解散した日からそれぞれ2か月を経過する日までに、下記①+②の合計額を、対応する利子税と合わせて納付することになりますが、猶予税額から①+②の合計額を控除した残額については免除となります。

| ① | (ア)譲渡等の対価の額、(イ)合併等の対価の額、(ウ)株式交換等の対価の額、または(エ)解散時の相続時評価額を相続(または贈与)の価額とみなした相続税額(または贈与税額)(注) |
|---|---|
| ② | (ア)～(エ)の時以前5年以内において、特例後継者および同族関係者が、特例会社から受けた配当および過大役員給与等に相当する額 |

(注) (ア)譲渡等は特例後継者と特別の関係がある者以外の者に対して行う場合に限ります。以下全て同じです。

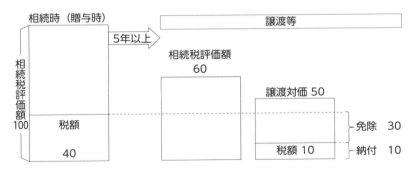

(2) ⓐ×50%＞ⓑ、(ア)譲渡等、(イ)合併、(ウ)株式交換等における特例株式の相続税評価額×50%＞(ア)～(ウ)の対価の額の場合

つまり、対価の額が、特例株式の相続税評価額の2分の1未満の場合には、2回に分けて納税額を計算することになります。

まず、1回目は相続税評価額の50%に相当する額に基づき税額の再計算を

行い、当初猶予中税額が猶予税額を超える部分については免除され、残額については猶予が継続(要担保)されます。2回目は2年経過後に、相続税額(贈与税額)を再々計算し、これに基づき確定した猶予税額とみなして納付することになります。この時、要件を満たしていれば再免除が適用となります。

【1回目】
　当初猶予中税額から、下記①+②の合計額を控除した残額については免除されます。①+②の合計額に相当する額については、「一定の事由」発生時から2年を経過する日まで納税が猶予されます。ただし、担保の提供が必要となります。

| | |
|---|---|
| ① | (ア)譲渡等、(イ)合併等または(ウ)株式交換等の事由が発生した時の相続税評価額の50%に相当する金額を相続(または贈与)の時の価額とみなして再計算した相続税額(または贈与税額) |
| ② | (ア)～(ウ)の時以前5年以内において、後継者または後継者と特別の関係のある者が、特例会社から受けた配当および過大役員給与等に相当する額 |

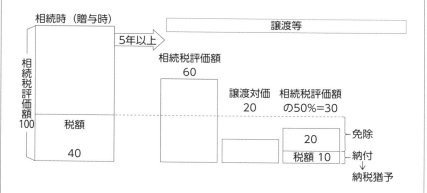

　特例会社の非上場株式の譲渡等をする場合または特例会社が合併により消滅する場合において、次の適用を受けようとするときには、上記(1)の再計算した相続税額(または贈与税額)と直前配当等の合計額については、上記(1)にかかわらず、その納税が猶予されます(要担保)。

# 第7章 創設された相続税の納税猶予制度の特例措置の活用ポイント

【2回目】　2年後（再計算および再免除）

　譲渡等の時から2年を経過する日において、譲渡後の特例会社または吸収合併存続会社等の事業が継続しており、特例会社の譲渡時または合併時の従業員の50%以上の者が雇用されているときには、実際の対価の額を相続（または贈与）の時価とみなして再々計算した相続税額（または贈与税額）、下記①+②の合計額を納付することとし、①+②の合計額が上記により納税が猶予されているのを下回る場合には、その差額が免除されます。なお、解散による場合には、猶予税額の再計算は認められません。

| ① | (ア)譲渡等の対価の額、(イ)合併対価の額または(ウ)交換等対価の額を相続（または贈与）の時の価額とみなして再計算した相続税額（または贈与税額） |
|---|---|
| ② | (ア)〜(ウ)の時以前5年以内において、後継者および後継者と特別の関係のある者が、対象会社から受けた剰余金配当および過大役員給与等に相当する額 |

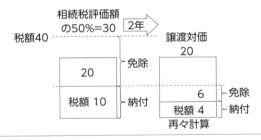

① 再計算の特例

■ 再計算対象猶予税額

| イ　譲渡等の場合 |
|---|
| 　猶予されている贈与税額等のうち譲渡等をした特例株式等の数または金額に対応する部分の金額 |

> ロ　合併、株式交換、株式移転等の場合
>   猶予されている贈与税額等に相当する金額

（担保の提供）

> イ　譲渡等、合併、株式交換等の時における株式の時価の 2 分の 1 により計
>   算した猶予税額

＋

> ロ　5 年以内に特例会社から受けた配当金

　イ＋ロの合計額に相当する金額の担保が必要となります。

（手続）

　納税猶予の再計算を受けるためには、2 か月を経過する申請期限までに上記の担保提供のうえ、必要書類を添付して税務署長に提供しなければなりません。記載事項および添付書類は、前記の免除手続で記した書類に加えて、以下の書類が追加で必要となります。

> 　譲渡等、合併、株式交換等の直前における特例会社の常時使用従業員の一覧表および従業員数証明書等で、その常時使用従業員が厚生年金保険法・船員保険法・健康保険法の被保険者または当該会社と 2 か月を超える雇用契約を締結する75歳以上の者のいずれかに該当することがわかる書類の写し

② 　再免除の要件

　再猶予された会社が、2 年後事業継続要件に該当する場合には、猶予されている贈与税額等のうち、特例再計算贈与税額等については納税することになりますが、その納税することになる税額を控除した残りの税額については免除を受けられます。

　しかし、事業継続要件に該当するには以下の①～③の要件全てを満た

さなければなりません。

---

① 商品の販売等の業務で、以下の業務を行っていること。
・商品の販売、資産の貸付け（特例後継者およびその特別の関係がある者に対する貸付けを除く。）、または役務の提供で継続して対価を得られるもの。商品の開発もしくは生産または役務の提供を含む。
・商品販売等を行うために必要となる資産の所有または貸借。
・上記に掲げる業務に類するもの。
② 譲渡等、合併、株式交換等に該当することとなった時の直前における特例会社の常時使用従業員のうちその総数の50％以上の者が、該当することとなった時から2年間引き続きその会社の常時使用従業員であること（50％以上の計算に際し、1人未満の端数があるときは切捨て、常時使用従業員が1人のときは1人とする。）。
③ 事務所、店舗、工場その他これらに類するものを所有し、または賃借していること。

---

### ③ 再免除の手続

免除を受けようとする特例後継者は、再申請期限までに、免除を受けたい旨、免除を受けようとする贈与税額等の金額、その明細などを記した申請書に以下の必要書類①～④を添付して税務署長に提出しなければなりません。

---

① 2年を経過する日における猶予されている贈与税額等を記載した書類
② 損益計算書等の書類で、会社が2年を経過する日において商品の販売等の業務を行っていることを証するもの
③ 2年を経過する日における常時使用従業員数を証する書類等
④ 登記事項証明書などの書類で2年を経過する日において、会社が事務所、店舗、工場等を所有または賃借していることを証するもの

---

113

④　免除手続

　猶予税額の免除を受けるためには、特例受贈者等は、譲渡時、合併、株式交換・移転等をした日から2か月を経過する日までに、免除を受けたい旨、免除を受けようとする贈与税等の金額、およびその計算の明細等を記載した申請書に以下の書類を添付して税務署長に提出しなければなりません（ただし、2か月以内に特例後継者が死亡した場合には、その死亡の日から6か月後が申告期限となります。）。

■　必要書類

> ①　譲渡等の契約書、合併の契約書、株式交換・移転等の契約書の写しまたは登記事項証明書等
> ②　譲渡等、合併、株式交換等の対価の額および対価の額のうち株式等以外の財産の価額を証する書類
> ③　貸借対照表、損益計算書等
> ④　譲渡等、合併、株式交換等または解散の直前における猶予中の贈与税額等などを記した書類
> ⑤　その他参考になる書類

# 8　相続時精算課税制度の直系卑属以外への適用
　―後に問題を残す可能性あり―

## (1)　相続時精算課税制度とは

　この制度は、60歳以上の父母または祖父母から20歳以上の子や孫への生前贈与で、その贈与の際に納めた贈与税を、親や祖父母が亡くなった際に納める相続税額から差し引くというものです。相続時精算課税制度での贈与税の非課税枠は2,500万円です。

　政府には超累進課税の贈与税を軽くして、高齢世代から現役世代への資産移転を促進し、経済の活性化につなげようという意図もあります。通常の贈与税の110万円非課税枠の制度（暦年課税制度）との選択制で、

第7章 創設された相続税の納税猶予制度の特例措置の活用ポイント

どちらを選択するかは自由です。しかし、相続時精算課税制度を一度選択すると、二度と暦年課税制度に戻れないという欠点もあります。

## (2) 相続時精算課税制度の概要

### ① 適用対象者

・贈与者は60歳以上の親または父母
・受贈者は満20歳以上の子である推定相続人、および20歳以上の孫

（注）　住宅取得資金の贈与の場合は贈与者の年齢制限はありません。

### ② 適用手続

相続時精算課税制度の適用を受けるには、贈与を受けた年の翌年3月15日までに所轄の税務署に届け出ます。

### ③ 適用対象となる贈与財産

・贈与財産の種類、贈与期間に制限はない
・贈与金額、贈与回数の制限はない

### ④ 贈与時の税額

相続時精算課税制度を選択した親からの贈与財産は、ほかの人からの贈与財産と区別して、贈与者からの贈与財産が2,500万円の非課税枠（複数年利用できます。）を超える部分については、贈与時に一律20％の税率により贈与税を算出します。

贈与税額＝（贈与を受けた財産の価額－2,500万円）×20％（一律）

### ⑤ 相続時の税額

親や祖父母が亡くなった時に相続した財産と、それまでに贈与を受けた財産とを合算して計算した相続税額から、すでに支払った贈与税額を控除して相続税を納めます。

相続財産＝死亡時の財産＋相続時精算課税を適用した生前贈与財産

## (3) 平成30年度改正

従来の事業承継税制は、代表権を有していた先代経営者と一人の後継

者を前提にして特例会社の株式の贈与が規定されていましたが、平成30年度税制改正において特例制度が創設され、代表権を有していた先代経営者一人と後継者一人に限定していた承継方法が崩れました。

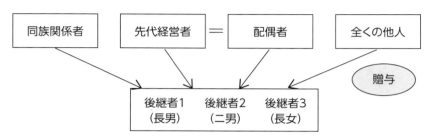

　今回の税制改正によって、先代経営者の子や孫以外の親族や第三者に対する贈与についても相続時精算課税の適用が可能になります。ただし、**贈与者が60歳以上、受贈者が20歳以上**ですが、先代経営者に相続が発生すると、当然に相続時精算課税制度の適用を受けた受贈者（後継者）は相続税の申告が必要になり、法定相続人以外の後継者は２割加算の対象となりますが、相続税額の計算にあたり、先代経営者の遺産の額も知らなければなりません。

## 9　利子税の計算

　法定提出期限までに継続届出書を提出しなかったり、納税猶予が打ち切られた場合には利子税を納めなければなりません。

　先の例のように「経営環境の変化」などの事由で特例期間経過後、猶予税額の全部または一部を納付する場合には、特例期間中の利子税は発生しません。

第7章 創設された相続税の納税猶予制度の特例措置の活用ポイント

利子税の金額……本則3.6% × $\dfrac{\text{特例基準割合(注)}}{7.3\%}$

(注) 特例基準割合……各年の前々年の10月から前年の9月までの各月における銀行の新規の短期貸出約定金利の合計を12で除した金額として、各年の前年の12月15日までに財務大臣が告示する割合＋1％となります。
　　　現在の大臣告示は0.6％なので利子税は年0.7％となります。

## 10　担保の提供
　―株式を担保にして適用―

　特例措置の適用を受けるには、相続税（または贈与税）の申告期限までに特例後継者が納税猶予分の相続税額に相当する担保を提供しなければならないのですが、納税猶予の適用を受けた特例株式等の全てを担保として提供した場合には、その特例株式等の価額の合計額がその納税猶予分の相続税額に満たないときであっても、納税猶予分の相続税額に相当する担保が適用されたものとみなされます。
　また、担保提供の当初に納税猶予分の相続税額に相当する価額であったものが、その後業績悪化や類似業種の株価の低下などによって自社株式の評価が低下し、その特例株式等の価額の合計額がその納税猶予分の相続税額に満たなくなっても納税猶予は継続されます。

(1)　**株券発行会社等**
　株券の現物を担保に提供しなければならないため、株券の供託が必要となります。供託受理後に、日本銀行本支店、代理店に当該株式を納入

します。その供託証を担保提供書と共に税務署に提出します。

## (2) 株券不発行会社等

所轄税務署長に対して特例株式等への質権の設定を承諾する旨の下記
書類を提出しなければなりません。

---

① 認定承継会社の非上場株式に税務署長が質権を設定することについて
承諾した旨を記載した書類

② 納税者の印鑑証明書

③ 認定承継会社の株主名簿記載事項証明書及び当該証明書の押印に係
る代表取締役の印鑑証明書

---

## (3) 持株会社 (合名会社、合資会社、合同会社)

次の書類が必要です。

---

① 特例会社である出資の持分に質権設定することに承諾する書類と特例後
継者の印鑑証明書

② 次に掲げるいずれかの書類

イ 質権設定に承諾する旨の記載がある公正証書

ロ 質権設定に承諾する旨の記載がある私署証書で確定日付のあるものお
よび特例会社の印鑑証明書

ハ 質権設定に承諾した旨の内容証明郵便および特例会社の印鑑証明書

---

(注) なお、担保に供している特例株式等の議決権については、従来どおり特例後
継者がその行使を行うことができます。

また、「株式譲渡制限付株式等」の場合も、譲渡制限規定の定款変更は不要と
なっています。

特例会社が、株券発行会社であったのが株券不発行会社に移行した場合や、
逆に特例会社が株券不発行会社から株券発行会社に移行する場合、事前に税務
署長に対しその旨を通知し、担保提供手続を行わなければなりません。

第**8**章

# 個人事業者の新・事業承継税制

## 1 平成31年度改正で事業用資産の100%が贈与税・相続税の納税猶予可能に

　個人事業者の事業承継を容易にする制度が創設されます。個人事業者の子など後継者が事業を引き継ぐ際に、土地や建物に係る贈与税・相続税の納税を猶予する新たな税優遇制度が設けられることになります。高齢化が進むなか、税負担を理由とした廃業を防ぐ目的で、地方の家族経営をしているような個人事業主がターゲットです。現在は後継者に土地・建物など不動産を引き継がせる場合には、多額の相続税や贈与税が生じます。平成31年度改正により、10年間の時限措置として設備や営業車にかかる相続税等の納税が全額猶予されることになり、土地は400㎡、建物は800㎡までが対象となります。

　少子高齢化の我が国において、70歳を超える個人事業者は2025年までに約150万人に達するとされ、廃業への備えは急務となっています。今回の改正では、単なる事業承継での節税策を防止する一方、後継者が事業を引き継いだ後にすぐにやめないような厳しい要件も付したかたちになり、10年間限定で多様な事業用資産の承継に係る贈与税・相続税を100%納税猶予する「個人版事業承継税制」が創設されることになります。

　法人の代表者ではなく、個人事業者である先代経営者から後継者への事業用資産の承継に係る税負担（贈与税・相続税）を軽くする目的で、一気に個人の相続税対策の風景が変わりました。

　10年間の時限措置であり、しかも土地だけでなく、建物、事業用償却資産、特許権なども100%課税価格を繰り延べるというものです。土地については小規模宅地等の特例との選択適用となります。

119

| ① | 10年間の措置 |
|---|---|
| ② | 承継計画を作成して都道府県に提出（非上場株式等の納税猶予制度と同様） |
| ③ | 特定事業用資産の全てに課税価格の100%の納税猶予（ただし、事業用宅地の面積上限400㎡、建物の床面積上限800㎡あり） |
| ④ | 相続税も贈与税も猶予の対象となる |
| ⑤ | 事業承継者の終身の事業継続要件 |
| ⑥ | 制度の悪用を防止するため、債務控除に制限をつける |

【参考】小規模宅地等の相続税の課税価格の特例

　小規模宅地等の特例には、大きく分類して次の4種類があります。

| ①特定事業用宅地等 | 面積400㎡以下、減額割合80% |
|---|---|
| ②特定同族会社事業用宅地等 | 面積400㎡以下、減額割合80% |
| ③特定居住用宅地等 | 面積330㎡以下、減額割合80% |
| ④貸付事業用宅地等 | 面積200㎡以下、減額割合50% |

○従来からの特定事業用宅地等に係る小規模宅地等の特例

　特定事業用宅地等に係る小規模宅地等の相続税の課税価格の計算の特例とは、相続開始直前において、被相続人等の事業の用（貸付事業用を除きます。）に供されていた宅地等で、次の要件に該当する被相続人の親族が相続等により取得したものです。

| 被相続人の事業用の宅地等 | 被相続人の事業を申告期限までに引き継ぎ、申告期限までその事業を営んでおり、かつ、その宅地等を申告期限まで有していること |
|---|---|
| 被相続人と生計を一にしていた被相続人の親族の事業用宅地等 | 相続開始直前から申告期限まで、その宅地等の上で事業を営んでおり、かつ、その宅地等を申告期限まで有していること |

　以上の要件を満たせば、特定事業用宅地等の400㎡まで課税価格の80%減額となります。

○平成31年度税制改正

　今回の改正で、小規模宅地等の相続税の課税価格の計算の特例について、特定事業用宅地等の範囲から、相続開始前3年以内に事業の用に供された宅地等（当該宅地等の上で事業の用に供されている減価償却資産の価額が、当該宅地等の相続時の価額の15％以上である場合を除きます。）が除外されます。

例外：「当該宅地等の価額×15％≦当該宅地等の上の減価償却資産の価額」の場合、小規模宅地等の特例を適用可能。
【適用時期】上記の改正は、平成31年4月1日以後に相続等により取得する財産に係る相続税について適用されます。ただし、同日前から事業の用に供されている宅地等については、適用されません。

## 2　個人事業者の事業用資産に係る贈与税の納税猶予制度の創設

### (1) 新制度の概要

　特定事業用資産を有していた個人事業者(贈与者)が特例事業受贈者に、その事業に係る特定事業用資産の全てを贈与（平成31年（2019年）1月1日から平成40年（2028年）12月31日までの間で、最初の本制度の適用に係る贈与及びその贈与の日から1年以内にされる贈与に限ります。）した場合には、担保の提供を条件に、その特例事業受贈者が納付すべき贈与税のうち、特例受贈事業用資産（特定事業用資産で贈与税申告書に納税猶予の適用を受けようとする旨の記載があるもの）の課税価格に対応する贈与税の納税が猶予されます。

　なお、この改正は、平成31年（2019年）1月1日以後に贈与により取得する財産に係る贈与税について適用されます。

(注1) 上記の「特例事業受贈者」とは、贈与者から上記の贈与により特定事業用資産の取得をした個人で、(2)に掲げる要件の全てを満たす者をいいます。
(注2) 上記の「特定事業用資産」とは、被相続人の事業（不動産貸付業等を除きます。以下同じです。）の用に供されていた土地（面積400㎡までの部分に限ります。）、建物（床面積800㎡までの部分に限ります。）および建物以外の減価償却資産（固定資産税または営業用として自動車税もしくは軽自動車税の課税対象となっているものその他これらに準ずるものに限ります。）で青色申告書に添付される貸借対照表に計上されているものをいいます。
(注3) 上記の「承継計画」とは、認定経営革新等支援機関の指導および助言を受けて作成された特定事業用資産の承継前後の経営見通し等が記載された計画であって、平成31年（2019年）4月1日から平成36年（2024年）3月31日までの間に都道府県に提出されたものをいいます。

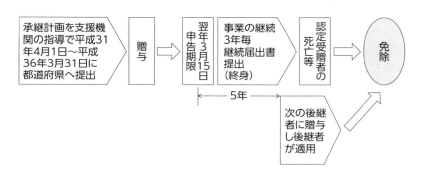

## (2) 特例事業受贈者の要件

納税猶予の適用を受ける特例事業受贈者は、贈与者から特定事業用資産の取得をした個人で、次の要件を全て満たした者のことをいいます。

| 要件（全てを満たすこと） |
| --- |
| ① 贈与の日において20歳以上（2022年以降は18歳以上）であること |
| ② 中小企業経営承継円滑化法の認定を受けていること（承継計画に記載された後継者であること） |
| ③ 贈与の日まで引き続き3年以上にわたり特定事業用資産に係る事業に従事していたこと |

第8章 個人事業者の新・事業承継税制

| ④ | 贈与の日の属する年分の贈与税の申告期限まで引き続き特定事業用資産の全てを有し、かつ、自己の事業の用に供していること |
|---|---|
| ⑤ | 贈与日の属する年分の贈与税の申告期限までにその特定事業用資産に係る事業について**開業届出書を提出していること**及び**青色申告の承認**を受けていること |
| ⑥ | 特定事業用資産に係る事業が贈与の時において**資産保有型事業、資産運用型事業**及び性風俗関連特殊営業のいずれにも該当しないこと |
| ⑦ | 贈与者の事業を確実に承継すると認められる要件として財務省令で定めるものを満たしていること |

(注)　「資産保有型事業」は、判定日における特定事業用資産の事業に係る貸借対照表に計上されている総資産の帳簿価額の総額等に占める特定資産等の割合が70％以上となる事業のことをいいます。

　　　　「資産運用型事業」は、判定年にける事業所得に係る総収入金額に占める特定資産の運用収入の合計額の割合が75％以上となる事業のことをいいます（30ページの資産保有型会社、資産運用型会社が参考になります。）

### (3) 猶予税額の計算方法

　猶予税額の計算方法は、非上場株式等についての贈与税の納税猶予制度と同様となります。

① 　その年中に、贈与を受けた全ての財産の価格の合計に基づき贈与税を計算します。

| A | 1年間（1月1日〜12月31日）に贈与を受けた全ての財産の価格の合計額 | | | 贈与税の計算 ⟹ | Aに対応する贈与税 |
|---|---|---|---|---|---|
| | 不動産 | 現金 | 特定事業用資産 | | |

② 　贈与を受けた財産が「特定事業用財産」のみであると仮定して贈与税を計算します。

| B | 1年間で贈与を受けた財産 | 贈与税の計算 ⟹ | Bに対応する贈与税 |
|---|---|---|---|
| | 特定事業用資産 | | |

③ 　②の「Bに対応する贈与税」が納税猶予される贈与税額となります。

123

「①－②」の金額が贈与税の申告期限までに納付する税額となります。

| A | |
|---|---|
| B猶予税額 | 納付税額 |

【事例】

　父（贈与者）から長男（特例事業受贈者）が特定事業用資産8,000万円と現金500万円の贈与を受けた。

| 特定事業用資産 | 現金 |
|---|---|
| 8,000万円 | 500万円 |

① 暦年贈与を適用する場合

　A　（8,000万円＋500万円－110万円）×55％－640万円＝3,974.5万円

　B　（8,000万円－110万円）×55％－640万円＝3,699.5万円
　　　　　　　　　　　　　　　　　　　　　　　納税猶予額

　C　3,974.5万円－3,699.5万円＝275万円
　　　　　　　　　　　　　　　納付税額

（注）　現金500万円だけの贈与だと（500万円－110万円）×15％－10万円＝48.5万円
　　　の贈与税額となりますが、特定事業用資産の贈与も受けると贈与税率が最高税
　　　率となり、500万円×55％＝275万円の贈与税額となってしまいます。

② 相続時精算課税を適用する場合（特別控除2,500万円）

　A　（8,000万円＋500万円－2,500万円）×20％＝1,200万円

　B　（8,000万円－2,500万円）×20％＝1,100万円
　　　　　　　　　　　　　　　　　　納税猶予額

　C　1,200万円－1,100万円＝100万円
　　　　　　　　　　　　　　納付税額

（注）　(1)に比べて、現金500万円に対する贈与税は100万円と低くなります。これは、
　　　相続時精算課税による場合は一律20％の税率であるためです。しかし将来相続

が発生したときの適用税率が高くなるおそれがあります。

## (4) 猶予税額の免除（全額免除）

特例事業受贈者にかかる猶予中贈与税額は、次のいずれかに該当することとなった場合は免除されることになります。

① 特例事業受贈者又は贈与者が死亡した場合

② 贈与税の申告期限（特定申告期限）から5年経過後に、当該特例事業受贈者が特例受贈事業資産の全てにつき次の後継者へ贈与し、その後継者がその特例受贈事業用資産について本制度の適用を受ける場合

③ 特例事業受贈者が、一定の身体障害者に該当するなど財務省令で定めるやむを得ない理由が生じたために事業を継続することができなくなった場合

## (5) 猶予税額の一部免除

次の場合、猶予税額の一部が免除されます。

① 特別関係者以外の者に対し特例受贈事業用資産を一括して贈与等する場合

② 民事再生計画の認可決定等があった場合

③ 特例事業受贈者の事業の継続が困難な一定の事由が生じた場合において、特例受贈事業用資産の全部の譲渡等をしたときまたは特例受贈事業用資産に係る事業の廃止をしたとき

## (6) 納税猶予の打ち切り

特例事業受贈者、特例受贈事業用資産等について以下の事由が生じた場合は納税猶予が打ち切られます。

125

| ① | 特例事業受贈者がその事業を廃止した場合 |
|---|---|
| ② | 特例事業者について破産手続開始の決定があった場合 |
| ③ | その事業が資産保有型事業、資産運用型事業、性風俗特殊営業のいずれかに該当することになったとき |
| ④ | その事業に係るその年の事業所得の総収入金額がゼロとなった場合 |
| ⑤ | 特例受贈事業用資産の全てが、その年の事業所得に係る青色申告書の貸借対照表に計上されなくなった場合 |
| ⑥ | 特例事業受贈者が青色申告の承認を取り消された場合、または青色申告書の提出をやめる旨の届出書を提出した場合 |
| ⑦ | 特例事業受贈者が納税猶予の適用を受けることをやめる旨の届出書を税務署に提出した場合 |

（注）　特例受贈事業用資産の全部又は一部が特例事業受贈者の事業の用に供されなくなった場合（上記表に該当する場合及び事業の用に供することが困難になった場合を除きます。）には、納税猶予分の贈与税額のうち、その事業の用に供されなくなった部分に対応する贈与税については打ち切られることになります。

　　ただし、その事由が特例事業受贈事業用資産の譲渡であって、その譲渡日から1年以内に譲渡対価の全部又は一部をもって特例事業受贈者の事業の用に供される資産を取得する見込みがある場合には、納税猶予が継続されます。

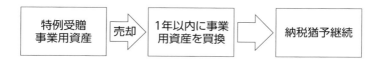

## 3　個人事業者の事業用資産に係る相続税の納税猶予制度の創設

### (1) 新制度の概要

　平成31年度税制改正により個人版事業承継税制は、前記の「贈与税の納税猶予制度」だけでなく「相続税の納税猶予制度」も創設されました。

　特定事業用資産を有していた個人事業者（被相続人）から相続又は遺贈により、その事業に係る特定事業用資産の全ての取得（平成31年（2019年）1月1日から平成40年（2028年）12月31日までの間で、最初の本制

度の適用に係る相続等による取得及びその取得の日から1年以内にされる相続等による取得に限ります。）をした特例事業相続人等が納付すべき相続税額のうち、特例事業用資産（特定事業用資産で相続税の申告書に納税猶予の適用を受けようとする旨の記載があるもの）に対応する相続税については、担保を提供した場合に限り、その相続税の納税が猶予されます。

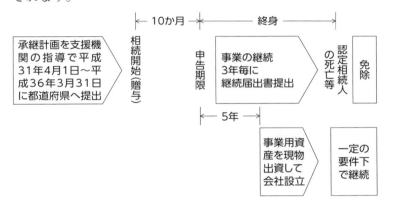

### (2) 個人事業者の対象業種

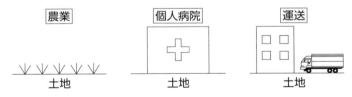

　個人版事業承継税制の対象業種についての制限はありません（ただし、性風俗関連業種を除きます。）。

　原則として青色申告者であれば、クリニック、農業、運送会社など、種類を問いません（不動産貸付業は除きます。）。

　なお、「非上場株式等の贈与税・相続税の納税猶予」の特例措置は、原則として中小の株式会社が適用対象となります。医療法人、弁護士法人、税理士法人等は対象となりません。

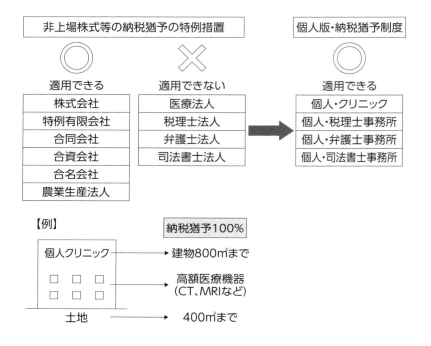

### (3) 10年間の時限措置

　個人版事業承継税制は、平成31年（2019年）1月1日から平成40年（2028年）12月31日までの10年間限定の特例で、個人事業者の事業用宅地や建物、それに機械・器具・車などについて、事業用資産の承継に係る相続税・贈与税を100％納税猶予する制度です。

　平成31年（2019年）4月1日から平成36年（2024年）3月31日（5年間）の間に、認定経営革新等支援機関の指導および助言を受けて都道府県に提出された「承継計画」に記載された後継者の「特例事業相続人等」が、10年の間に相続等により特定事業用資産を取得したうえで事業を継続し

ていく場合には、担保の提供を条件に、その特例事業相続人等が納付すべき相続税のうち相続等により取得した特例事業用資産の課税価格に対応する相続税の納税が100％猶予されます。

### (4)　特定事業用資産

被相続人の事業（不動産貸付業を除きます。）の用に供されている以下の資産です。

### ①　土地（借地権を含みます。）

400㎡までの部分に限ります。小規模宅地等の相続税の課税価格の特例との選択適用になります。既存の特定事業用宅地等に係る特例（400㎡まで80％減額割合）を選択すると、一切この個人版事業承継税制の適用を受けることはできません。

また、農地も適用対象となるため農地の納税猶予制度の適用を受けている場合は、その適用を受けていない事業用の土地・建物・減価償却資産は対象となります。

### ②　建物

床面積800㎡までの部分に限ります。

### ③　機械器具備品

建物以外の減価償却資産（固定資産税の課税対象となっているもの）です。

### ④　車輌・運搬具

営業用として自動車税もしくは軽自動車税の課税対象となっているものです。

### ⑤　生物

事業用としての乳牛、果樹等です。

### ⑥　無形償却資産

特許権等です。

⑦ 青色申告書に添付される貸借対照表に計上されているもの

上記①～⑥などが特定事業用資産となりますが、所得税の確定申告書（青色）に添付される貸借対照表に資産として記載されていることが必要です。

## (5) 猶予税額の計算

猶予税額の計算方法は、非上場株式等についての相続税の納税猶予制度の特例と同様となります。

① 相続税の納税猶予の適用がないものとして、通常の相続税額の計算を行い、特例事業相続人等の相続税額を算出します。

② 特例事業相続人等以外の相続人の取得財産は不変としたうえで、特例事業相続人等が通常の課税価格による「対象事業用資産」のみを相続するものとして計算した場合の相続税額（ゼロ）との差額、つまり「対象事業用資産」にかかる相続税額が猶予税額となります。

上記の①－②により算出した額が特例事業相続人等の納付税額となります。

【事例】
　遺産総額7億円、相続人は長男と長女、長男が特例事業相続人等。長男が特定事業用資産4億円とその他財産1億円、長女は他の財産2億円を相続したとする。

(1) 相続税の納税猶予がないものとして、通常の相続税額の計算を行い、特例事業相続人等の相続税額を算出します。
　1．正味遺産額を計算（課税価格の合計額）
　　4億円（特定事業用資産）＋3億円（その他財産）＝7億円

第8章 個人事業者の新・事業承継税制

2．課税遺産総額を計算

7億円−(3,000万円+600万円×2人) = 6億5,800万円

　　　　　　　(基礎控除額)

3．相続税額(法定相続分の割合で相続したとして相続税の総額の計算)

6億5,800万円×1／2(法定相続分) = 3億2,900万円　≪長男≫

6億5,800万円×1／2(法定相続分) = 3億2,900万円　≪長女≫

3億2,900万円×50%−4,200万円 = 1億2,250万円　≪長男≫

　　　　　　(相続税の速算表より)

3億2,900万円×50%−4,200万円 = 1億2,250万円　≪長女≫

　　　　　　(相続税の速算表より)

4．相続税の総額の計算

1億2,250万円≪長男≫＋1億2,250万円≪長女≫= 2億4,500万円

5．長男(特例事業相続人等)の相続税額

2億4,500万円×5億円／7億円= 1億7,500万円

6．長女の相続税額

2億4,500万円×2億円／7億円=7,000万円

(2)　特例事業相続人等以外の相続人(長女)の取得財産は不変としたうえで、特例事業相続人等が通常の課税価格による「対象事業用資産」のみを相続するものとして計算した場合の相続税額(つまりゼロ)との差額、要するに「対象事業用資産」にかかる相続税額が特例事業相続人等の相続税の猶予税額となります。

| 特例事業相続人等が相続する「対象事業用資産」 | 左記以外の相続人等が取得した財産の価額の合計額 |
|---|---|
| 4億円 | 2億円 |

1．正味遺産額を計算(課税価格の合計額)

4億円(対象事業用資産)＋2億円(長女が取得する財産)= 6億円

2．課税遺産総額を計算

131

6 億円－（3,000万円+600万円×2 人）＝ 5 億5,800万円

（基礎控除額）

3．相続税額（法定相続分の割合で相続したとして相続税の総額の計算）

5 億5,800万円×1 / 2 （法定相続分）＝ 2 億7,900万円 ≪長男≫

5 億5,800万円×1 / 2 （法定相続分）＝ 2 億7,900万円 ≪長女≫

2 億7,900万円×45%－2,700万円＝9,855万円 ≪長男≫

（相続税の速算表より）

2 億7,900万円×45%－2,700万円＝9,855万円 ≪長女≫

（相続税の速算表より）

4．相続税の総額の計算

9,855万円≪長男≫+9,855万円≪長女≫＝ 1 億9,710万円

5．長男（特例事業相続人等）の相続税額

1 億9,710万円× 4 億円／ 6 億円＝ 1 億3,140万円（猶予税額）

(3) 特例事業相続人等の相続税額 (1)－(2)

1 億7,500万円－ 1 億3,140万円＝4,360万円（相続税の納付税額）

猶予税額　 1 億3,140万円

計　　　　 1 億7,500万円

## ⑹ 猶予税額の免除（全額免除）

　納税が猶予されている相続税の納付が免除される場合は、次のとおりです。

① 特例事業相続人等が、その死亡の時まで、特定事業用資産を保有し、事業を継続した場合

② 特例事業相続人等が一定の身体障害等に該当した場合

　身体障害等に該当するのは以下の a ～ d です。

a　精神保健および精神障害者福祉に関する法律の規定により精神障害者保健福祉手帳（障害等級が 1 級である者として記載されている者に限ります。）

の交付を受けたこと
b 身体障害者福祉法の規定により身体障害者手帳（身体上の障害の程度が1級または2級である者として記載されているものに限ります。）の交付を受けたこと
c 介護保険法の規定による要介護認定（要介護状態区分が要介護5に該当する者に限ります。）を受けたこと
d 上記のaからcまでに掲げる事由に類すると認められること

③ 特例事業相続人等について破産手続開始の決定があった場合
④ 相続税の申告期限から5年経過後に、次の後継者へ特定事業用資産を贈与し、その後継者がその特定事業用資産について贈与税の納税猶予制度の適用を受ける場合

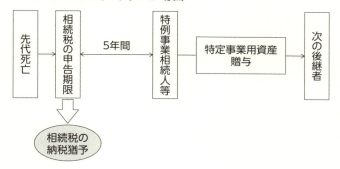

### (7) 猶予税額の一部免除

次に掲げる場合には、「非上場株式についての相続税の納税猶予制度の特例」に準じて、猶予税額の一部が免除されます。
① 同族関係者以外の者へ特定事業用資産を一括して譲渡する場合
② 民事再生計画の認定決定等があった場合
③ 「経営環境の変化を示す一定の要件」を満たす場合において、特定事業用資産の一括譲渡または特定事業用資産に係る事業の廃止をする

とき

(注)　「経営環境への変化を示す一定の要件」は、非上場株式等についての相続税の納税猶
　　予制度の特例に準じた要件とされます。

　前記(6)③、(7)②の場合には、過去5年間に認定相続人の青色事業専従者に支払われた給与等で必要経費として認められない額は免除されません。

**【経営環境の変化を示す一定の要件】**

| | |
|---|---|
| ① | 赤字基準……昨年末以前3年間のうち2年以上、特例事業用資産に係る事業が赤字である場合 |
| ② | 売上高減少基準……昨年末以前3年間のうち2年以上、特定事業用資産に係る事業売上高が、その年の前年の売上高に比して減少している場合 |
| ③ | 有利子負債額基準……昨年末における特定事業用資産に係る事業の有利子負債の額が昨年度の売上高の6か月分に相当する額以上である場合 |
| ④ | 同一業種の上場株価基準……特定事業用資産に係る事業が属する業種に係る上場会社の株価（昨年1年間の平均）が、一昨年1年間の平均より下落している場合 |
| ⑤ | 特段の理由基準……特定事業用資産を譲渡等した場合 |

## (8)　猶予税額の納付

### ①　廃止→全額納付

　特例事業相続人等が、特定事業用資産に係る事業を廃止した場合には、猶予税額の全額を納付します。

### ②　譲渡→一部納付

　特例事業相続人等が、特定事業用資産の譲渡等をした場合には、その譲渡等をした部分に対する猶予税額を納付します。

## (9)　利子税の納付

　上記(8)により、猶予税額の全部または一部を納付する場合には、その納付税額について相続税の法定申告期限からの利子税（年3.6％）（利子税の特例（貸出約定平均利率の年平均が0.6％の場合）を適用した場合には、年0.7％）を併せて納付します。

第8章 個人事業者の新・事業承継税制

## ⑽ その他

| | |
|---|---|
| ① | 被相続人は相続開始前において、特例事業相続人等は相続開始後において、それぞれ青色申告の承認を受けていなければなりません。 |
| ② | 特例事業相続人等は、相続税の申告期限から3年毎に継続届出書を税務署長に提出しなければなりません。 |
| ③ | 特例事業相続人等が、相続税の申告期限から5年経過後に特定事業用資産を現物出資し、会社を設立した場合には、当該特例事業相続人等が当該会社の株式等を保有していることその他一定の要件を満たすときは、納税猶予が継続されます。 |
| ④ | 被相続人に債務がある場合には特定事業用資産の価額から当該債務の額（明らかに事業用でない債務の額を除きます。）を控除した額を猶予税額の計算の基礎とします。非上場株式等についての相続税の納税猶予制度における資産管理会社要件を踏まえた要件を設定する等の租税回避行為を防止する措置が講じられます。 |
| ⑤ | この納税猶予の適用を受ける場合には、特定事業用宅地等について小規模宅地等についての相続税の課税価格の計算の特例の適用を受けることができません（選択制）。 |

135

# 参考資料

## ■「特例承継計画」提出手続関係

| 資料1 | 特例承継計画に関する指導及び助言を行う機関における |
| 事務について……………………………………………………… | 138 |

資料2 中小企業庁「特例承継計画」（記載例1）サービス業 …………… 148

資料3 中小企業庁「特例承継計画」（記載例2）製造業 ……………… 152

資料4 中小企業庁「特例承継計画」添付書類 ………………………… 157

## ■特例の認定申請関係

資料5 第一種特例贈与認定申請書の記載例…………………………… 161

資料6 第一種特例相続認定申請書の記載例…………………………… 170

資料1 特例承継計画に関する指導及び助言を行う機関における事務について

# 特例承継計画に関する指導及び助言を行う機関における事務について

【平成３０年４月１日版】

中小企業庁 財務課

※本資料は平成３０年４月１日時点の法令に基づく情報等で作成されています。

参考資料　「特例承継計画」提出手続関係

## 1.　はじめに

　中小企業経営者の高齢化が進展する中、事業承継の円滑化は喫緊の課題です。平成 30 年度税制改正において、事業承継の際に生ずる相続税・贈与税の負担を軽減する「非上場株式等についての相続税及び贈与税の納税猶予及び免除の特例」（以下、「事業承継税制」）が抜本的に改正されました。

　本改正では、中小企業者の早期の事業承継を後押しするため、これまでの**事業承継税制の内容を拡充した期限付の特例措置**が創設されます。**特例措置においては①特例承継計画について認定経営革新等支援機関（以下「認定支援機関」）による指導及び助言を受ける必要があるほか、②一定期間内に従業員数が事業承継時の 80％を下回った場合には、実績報告に加え、認定支援機関による指導及び助言を受ける必要**があります。

　本マニュアルは、本税制措置の運用を円滑なものにするため、中小企業者を支援する認定支援機関における特例承継計画に係る事務のガイドラインを示すものです。

　なお、本マニュアルはあくまでもガイドラインであり、認定支援機関の行う事務の要領を参考までに提示するものですので、関係法律、政令、省令の規定等を確認の上、支援対象者における業務の内容、実態など個別具体的事情に沿った十分な検討を踏まえて、指導及び助言等を行ってください。

## 2.　事業承継税制の概要

　事業承継税制は、中小企業者の後継者が、先代経営者等から贈与又は相続により取得した自社株式等について、一定の要件を満たせば当該株式等にかかる贈与税又は相続税の納税が猶予・免除される制度です。本税制の適用に当たって、中小企業者は「中小企業の経営の承継の円滑化に関する法律」（以下「経営承継円滑化法」）に基づく都道府県知事の認定を受ける必要があります。

　なお、この特例承継計画に記載された特例代表者からの贈与・相続後一定の期間内に行われた贈与・相続であれば、先代経営者以外の株主等からの贈与・相続も、事業承継税制（特例）の対象となります。

139

## 3. 認定支援機関における事務①
### ――特例承継計画における指導及び助言

中小企業者が経営承継円滑化法の認定を受けるためには、「特例承継計画」（様式第 21）を都道府県に提出※し、確認を受ける必要があります。

特例承継計画の記載事項は、後継者の氏名や事業承継の時期、承継時までの経営の見通しや承継後 5 年間の事業計画等に加え、認定支援機関による指導及び助言の内容等です。

※計画を提出することができる期間は、平成 30 年 4 月 1 日～平成 35 年 3 月 31 日です。

### (1) 納税猶予を適用するための手続き

事業承継税制を利用するためには、①特例承継計画の作成・提出、②株式の贈与・相続、③認定申請、④税務申告の順で手続きが必要になります。①の**特例承継計画の作成にあたり、認定支援機関の指導及び助言が必要になります。**なお、株式の承継の前に特例承継計画を提出することができなかった場合でも、都道府県庁へ認定の申請を行う際に、併せて特例承継計画を提出することも可能です。

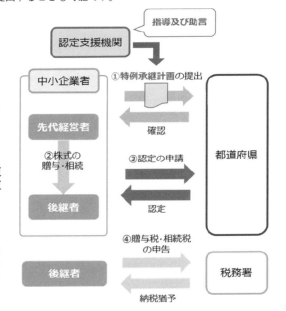

**STEP 1**
中小企業者は特例承継計画（認定支援機関による指導及び助言について記載）を作成し、都道府県に提出。

**STEP 2**
株式の承継を行い都道府県に認定申請。都道府県知事が認定。

**STEP 3**
特例承継計画・認定書の写しとともに、税務署へ納税申告。納税猶予の開始。

### (2) 特例承継計画における記載事項

特例承継計画の作成に当たっては、所定の様式（様式 21）を利用し、以下の事項を記

参考資料 「特例承継計画」提出手続関係

載する必要があります。

1. **会社について**

    経営承継円滑化法の特例の認定を受けようとする事業者の名称等を記載してください。

2. **特例代表者について**

    保有する株式を承継する予定の代表者の氏名と、代表権の有無を記載してください（「無」の場合は、退任した年月日を記載）。なお、特例代表者は特例承継計画提出時に、現に代表者である方、又は代表者であった方である必要があります。

3. **特例後継者について**

    特例代表者から株式を承継する予定の後継者の氏名を記載してください（最大3人まで）。特例後継者として氏名を記載された方でなければ、事業承継税制の特例の認定を受けることはできません。特例後継者を変更する場合は、後述の変更申請書による変更手続きを行う必要があります。

4. **特例代表者が有する株式等を特例後継者が取得するまでの期間における経営の計画について**

    株式を承継する予定の時期、当該時期までの経営上の課題、当該課題への対処方針について記載してください。

    株式等の贈与後・相続後に本計画を作成する場合や、すでに先代経営者が役員を退任している場合には記載不要です。

    当該会社がいわゆる持株会社である場合には、その子会社等における取組を記載してください。

5. **特例後継者が株式等を承継した後5年間の経営計画**

    特例後継者が実際に事業承継を行った後の5年間で、どのような経営を行っていく予定か、具体的な取組内容を記載してください。なお、この事業計画は必ずしも設備投資・新事業展開や、売上目標・利益目標についての記載を求めるものではありません。後継者が、先代経営者や認定支援機関とよく相談の上、後継者が事業の持続・発展に必要と考える内容を自由に記載してください。

    すでに後継者が代表権を有している場合であっても、株式等の取得により経営権が安定したあとの取組について記載してください。

    当該会社がいわゆる持株会社である場合には、その子会社等における取組を記載してください。

141

（別紙）認定経営革新等支援機関による所見等（認定支援機関が記載してください。）

1. **認定経営革新等支援機関の名称等**

    申請者に指導及び助言を行った認定支援機関の名称等について記載してください。
    代表者欄に記入する氏名及び使用する印鑑は、当該認定支援機関における内部規
    定等により判断してください。

2. **指導・助言を行った年月日**

    認定支援機関が指導及び助言を行った年月日を記載してください。

3. **認定支援機関による指導・助言の内容**

    中小企業者の作成した特例承継計画について、認定支援機関の立場から、事業承継
    を行う時期や準備状況、事業承継時までの経営上の課題とその対処方針、事業承継
    後の事業計画の実現性など、円滑な事業承継を後押しするための指導及び助言を
    行い、その内容を記載してください。

【チェックポイント】

    「特例代表者が有する株式等を特例後継者が取得するまでの期間における経営の
    計画について」及び「特例後継者が株式等を承継した後5年間の経営計画について」
    は「なぜその取組を行うのか」「その取組の結果、どのような効果が期待されるか」
    が記載されているかをご確認ください。

    「特例後継者が株式等を承継した後5年間の経営計画」においては、すべての取組
    が必ずしも新しい取組である必要はありませんが、各年において取組が記載され
    ている必要があります。記載例を参考に、可能な限り具体的な記載がなされている
    かをご確認ください。

    なお、計画作成の数年後に株式の承継を行うことを予定しているなど、この計画の
    作成段階では承継後の具体的な経営計画を記載することが困難である場合には、
    大まかな記載にとどめ、実際に株式を承継しようとする前に具体的な計画を定め
    ることも可能です。（その場合には、下記(3)の特例承継計画の変更手続を行うこと
    が求められます。）

    また、所見欄には、その取組への評価や、実現可能性（及びその実現可能性を高め
    るための指導・助言）を記載してください。

## (3)特例承継計画の変更

    特例承継計画の確認を受けた後に、計画の内容に変更があった場合は、変更申請書（様
    式第24）を都道府県に提出し確認を受けることができます。変更申請書には、変更事項

参考資料 「特例承継計画」提出手続関係

を反映した計画を記載し、再度認定支援機関による指導及び助言を受けることが必要です。

### 注意点

✓ **特例後継者が事業承継税制の適用を受けた後は、当該特例後継者を変更することはできません。** ただし、特例後継者を二人又は三人記載した場合であって、まだ株の贈与・相続を受けていない者がいる場合は、当該特例後継者に限って変更することが可能です。

✓ 特例後継者として特例承継計画に記載されていない者は、経営承継円滑化法の特例の認定を受けることはできません。

✓ 事業承継後5年間の事業計画を変更した場合（より詳細な計画を策定する場合を含む）も、計画の変更の手続きを行うことができます。特に、当初の特例承継計画においては具体的な経営計画が記載されてなかった場合は、認定支援機関の指導・助言を受けた上で、それを具体化するための計画の変更の手続を行うことが求められます。

143

## 4. 認定支援機関における事務②
### ——雇用減少の際の指導及び助言

　経営承継円滑化法の特例の認定を受けた中小企業者は、贈与・相続の申告期限から5年間、会社の状況について年1回、都道府県に年次報告書（様式第11）を提出する必要があります。年次報告書には、認定を受けた中小企業者が上場会社や風俗営業会社、資産保有型会社等になっていないことや、雇用する従業員の数を記載します。

　従来の制度では、認定を受けた中小企業者は、5年間で平均8割の雇用を維持することができなかった場合は認定取消となりました。一方、**特例の認定を受けた場合は、雇用が8割を下回った場合でも認定取消とはならない代わりに、その理由について都道府県に報告を行わなければなりません**（様式第27を使用してください。）。

　その報告に際し、**認定支援機関が、雇用が減少した理由について所見を記載する**とともに、中小企業者が申告した雇用減少の理由が、経営悪化あるいは正当ではない理由によるものの場合は、経営の改善のための指導及び助言を行う必要があります。

(1) 従業員数の確認と報告の概要

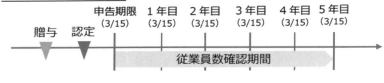

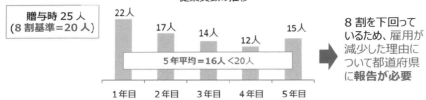

　報告書には・・・　認定支援機関による

　　✓ **雇用が減少した理由に対する所見**
　　✓ **経営改善のための指導及び助言**
　　　（雇用減少が経営悪化による場合等に限る）

　　　　　　　　　　　　　　　　　　　　　　の記載が必要

参考資料 「特例承継計画」提出手続関係

(2) 実績報告書記載事項

1. 第一種（第二種）特例贈与認定中小企業者又は第一種（第二種）特例相続認定中小企業者について

雇用実績について報告を行う中小企業者の、認定の類型や認定年月日、雇用判定期間を確認するための認定の有効期間や報告基準日等について記載してください。

2. 従業員の数について

贈与の時（相続の開始の時）における従業員数とその 80%の数、各報告基準日における従業員の数と 5 年間の平均人数を記載してください。

年次報告の際と同様に、従業員数は会社における

① 厚生年金保険の被保険者の数、
② 厚生年金保険の被保険者ではなく健康保険の被保険者である従業員の数、
③ 厚生年金保険・健康保険のいずれの被保険者でもない従業員の数、
の合計から、
④ 役員（使用人兼務役員を除く。）の数
を引いた数です。

また、雇用判定の基準になる贈与（相続開始）時の従業員数の 80%の数については、小数点第一位以下の数字がある場合は切り捨てるものとします。

（例：贈与時の従業員数が 6 人の場合には 6 人×80%＝4.8 人ですが、小数点以下を切り捨て、4.0 人を基準とします。つまり、認定後従業員数が 5 年間平均で 4.0 人を下回った場合には、本報告書の提出が必要になります。）

3. 従業員数の 5 年間平均が贈与の時（相続の開始の時）の従業員の数の 8 割を下回った理由

雇用が減少した理由について、①～⑤の中から当てはまるものを選択してください。「④経営状況の悪化により、雇用を継続できなくなった」を選択した場合、又は「⑤その他」を選択し、その具体的な理由が認定支援機関として正当でないと判断する場合は、認定支援機関による「4．指導及び助言の内容」の記載が必要になります。

（別紙）認定経営革新等支援機関による所見等（認定支援機関が記載してください）

1. 認定経営革新等支援機関の名称等

報告者に指導及び助言を行った認定支援機関の名称等について記載してください。代表者欄に記入する氏名及び使用する印鑑は、当該認定支援機関における内部規

145

定等により判断してください。


2. 所見を記載した年月日

認定支援機関が所見（指導及び助言）について記載した年月日を記載してください。


3. 認定支援機関による所見

平均雇用人数の５年間平均が８割を下回った理由について、その理由が事実であるかどうかを確認し、所見を記載してください。

【チェックポイント】

① 高齢化が進み後を引き継ぐ者を確保できなかった。を選択した場合
…退職理由を確認し、雇用人数減少の主たる理由が高齢化による退職であることを確認してください。

② 採用活動を行ったが、人手不足から採用に至らなかった。を選択した場合
…過去の求人状況（人材紹介会社やハローワーク等への求人状況や、自社広告等）を確認し、雇用人数減少の主たる理由が採用に至らなかったためであることを確認してください。

③ 設備投資等、生産性が向上したため人手が不要となった。を選択した場合
…設備投資等の状況を確認し、雇用人数減少の主たる理由が生産性向上によるものであることを確認してください。

④ 経営状況の悪化により、雇用を継続できなくなった。を選択した場合
…経営状況が悪化した理由について確認してください。そのうえで「４ 指導及び助言の内容」欄を記載してください。

⑤ その他（具体的に理由を記載）。を選択した場合
…雇用人数減少の主たる理由が当該具体的な理由であるかどうかを確認してください。その具体的な理由が認定支援機関として正当でないと判断する場合には、「４ 指導及び助言の内容」欄に記載が必要です。


4. 指導及び助言の内容

（この欄は、「３ 平均雇用人数の５年間平均が贈与の時の従業員の数の８割を下回った理由」において、「④経営状況の悪化により、雇用を継続できなくなった」を選択した場合、又は「⑤その他」を選択し、その具体的な理由が認定支援機関として正当でないと判断する場合に記載が必要です。）

「３．認定支援機関による所見」も踏まえ、その会社の経営改善のための指導及び助言を行い、その内容について記載してください。

参考資料　「特例承継計画」提出手続関係

【チェックポイント】
当該中小企業者が事業を継続していくための指導及び助言を行ってください。
また、「⑤その他」を選択し、その具体的な理由が認定支援機関として正当でないと
判断する場合には、その正当でないと判断する理由を記載し、当該中小企業者が事
業を継続していくための指導・助言を行ってください。

資料2 中小企業庁「特例承継計画」(記載例1) サービス業

様式第 21

施行規則第 17 条第 2 項の規定による確認申請書
(特例承継計画)

●●●●年●月●日

●●県知事　殿

郵 便 番 号　000-0000
会社所在地　●●県●●市…
会 社 名　経済クリーニング株式会社
電 話 番 号　***-***-****代
表者の氏名　経済　一郎　　　　印

経済　二郎　　　　印

　中小企業における経営の承継の円滑化に関する法律施行規則第 17 条第 1 項第 1 号の確認
を受けたいので、下記のとおり申請します。

記

1　会社について

| 主たる事業内容 | 生活関連サービス業(クリーニング業) |
|---|---|
| 資本金額又は出資の総額 | 5,000,000 円 |
| 常時使用する従業員の数 | 8 人 |

2　特例代表者について

| 特例代表者の氏名 | 経済　太郎 |
|---|---|
| 代表権の有無 | □有　☑無　(退任日平成 30 年 3 月 1 日) |

3　特例後継者について

| 特例後継者の氏名 (1) | 経済　一郎 |
|---|---|
| 特例後継者の氏名 (2) | 経済　二郎 |
| 特例後継者の氏名 (3) | |

4　特例代表者が有する株式等を特例後継者が取得するまでの期間における経営の計画に

参考資料 「特例承継計画」提出手続関係

ついて

| 株式を承継する時期（予定） | 平成 30 年 3 月 1 日相続発生 |
|---|---|
| 当該時期までの経営上の課題 | （株式等を特例後継者が取得した後に本申請を行う場合には、記載を省略することができます） |
| 当該課題への対応 | （株式等を特例後継者が取得した後に本申請を行う場合には、記載を省略することができます） |

5　特例後継者が株式等を承継した後 5 年間の経営計画

| 実施時期 | 具体的な実施内容 |
|---|---|
| 1 年目 | 郊外店において、コート・ふとん類に対するサービスを強化し、その内容を記載した看板の設置等、広告活動を行う。 |
| 2 年目 | 新サービスであるクリーニング後、最大半年間（又は一年間）の預かりサービス開始に向けた倉庫等の手配をする。 |
| 3 年目 | クリーニング後、最大半年間（又は一年間）の預かりサービス開始。<br>（預かり期間は、競合他店舗の状況を見て判断。）<br><br>駅前店の改装工事後に向けた新サービスを検討。 |
| 4 年目 | 駅前店の改装工事。<br>リニューアルオープン時に向けた新サービスの開始。 |
| 5 年目 | オリンピック後における市場（特に土地）の状況を踏まえながら、新事業展開（コインランドリー事業）又は新店舗展開による売り上げ向上を目指す。 |

（備考）

①　用紙の大きさは、日本工業規格 A4 とする。

②　記名押印については、署名をする場合、押印を省略することができる。

③　申請書の写し（別紙を含む）及び施行規則第 17 条第 2 項各号に掲げる書類を添付す

149

る。

④　別紙については、中小企業等経営強化法に規定する認定経営革新等支援機関が記載
する。


（記載要領）

①　「2　特例代表者」については、本申請を行う時における申請者の代表者（代表者で
あった者を含む。）を記載する。

②　「3　特例後継者」については、該当するものが一人又は二人の場合、後継者の氏名
（2）の欄又は（3）の欄は空欄とする。

③　「4　特例代表者が有する株式等を特例後継者が取得するまでの期間における経営
の計画」については、株式等を特例後継者が取得した後に本申請を行う場合には、
記載を省略することができる。

参考資料 「特例承継計画」提出手続関係

（別紙）

認定経営革新等支援機関による所見等

1 認定経営革新等支援機関の名称等

| 認定経営革新等支援機関の名称 | ●● ●●税理士事務所　印 |
|---|---|
| （機関が法人の場合）代表者の氏名 | ●● ●● |
| 住所又は所在地 | ●●県●●市… |

2 指導・助言を行った年月日
　　　　　平成 30 年　5 月　3 日

3 認定経営革新等支援機関による指導・助言の内容

売上の 7 割を占める駅前店の改装工事に向け、郊外店の売上増加施策が必要。競合他店が
行っている預かりサービスを行うことにより、負の差別化の解消を図るように指導。

駅前店においても、改装工事後に新サービスが導入できないか引き続き検討。
サービス内容によっては、改装工事自体の内容にも影響を与えるため、2 年以内に結論を
出すように助言。

また、改装工事に向けた資金計画について、今からメインバンクである●●銀行にも相談
するようにしている。

なお、土地が高いために株価が高く、一郎・二郎以外の推定相続人に対する遺留分侵害の
恐れもあるため「遺留分に関する民法の特例」を紹介。

資料3 中小企業庁「特例承継計画」（記載例２）製造業

様式第 21

施行規則第 17 条第 2 項の規定による確認申請書
（特例承継計画）

●●●●年●月●日

●●県知事　殿

郵 便 番 号　000-0000
会 社 所 在 地　●●県●●市…
会　 社　 名　中小鋳造株式会社
電 話 番 号　***-***-****
代表者の氏名　中小　一郎　　印

　中小企業における経営の承継の円滑化に関する法律施行規則第 17 条第 1 項第 1 号の確認
を受けたいので、下記のとおり申請します。

記

1　会社について

| 主たる事業内容 | 銑鉄鋳物製造業 |
|---|---|
| 資本金額又は出資の総額 | 50,000,000 円 |
| 常時使用する従業員の数 | 75 人 |

2　特例代表者について

| 特例代表者の氏名 | 中小　太郎 |
|---|---|
| 代表権の有無 | □有　☑無（退任日　平成 29 年 3 月 1 日） |

3　特例後継者について

| 特例後継者の氏名（1） | 中小　一郎 |
|---|---|
| 特例後継者の氏名（2） | |
| 特例後継者の氏名（3） | |

152

参考資料 「特例承継計画」提出手続関係

4 特例代表者が有する株式等を特例後継者が取得するまでの期間における経営の計画について

| 株式を承継する時期（予定） | 平成 30 年 10 月 |
|---|---|
| 当該時期までの経営上の課題 | ➤ 工作機械向けパーツを中心に需要は好調だが、原材料の値上がりが続き、売上高営業利益率が低下している。<br>➤ また、人手不足問題は大きな課題であり、例年行っている高卒採用も応募が減ってきている。発注量に対して生産が追いつかなくなっており、従業員が残業をして対応している。今年からベトナム人研修生の受け入れを開始したが、まだ十分な戦力とはなっていない。 |
| 当該課題への対応 | ➤ 原材料値上がりに伴い、発注元との価格交渉を継続的に行っていく。合わせて、平成 30 年中に予定している設備の入れ替えによって、生産効率を上げコストダウンを図っていく。<br>➤ 人材確保のため地元高校での説明会への参加回数を増やし、リクルート活動を積極的に行う。またベトナム人研修生のスキルアップのために、教育体制を見直すとともに、5 S の徹底を改めて行う。 |

5 特例後継者が株式等を承継した後 5 年間の経営計画

| 実施時期 | 具体的な実施内容 |
|---|---|
| 1 年目 | ・ 設計部門を増強するとともに、導入を予定している新型 CAD を活用し、複雑な形状の製品開発を行えるようにすることで、製品提案力を強化し単価の向上を図る。<br>・ 海外の安価な製品との競争を避けるため、BtoB の工業用品だけではなく、鋳物を活用したオリジナルブランド商品の開発（BtoC）に着手する。<br>・ 生産力強化のため、新工場建設計画を策定。用地選定を開始する。 |
| 2 年目 | ・ 新工場用の用地を決定、取引先、金融機関との調整を行う。<br>・ 電気炉の入れ替えを行い、製造コストの低下を図る。<br>・ オリジナルブランド開発について一定の結論を出し、商品販売を開始する。 |

| 3年目 | ・ 新工場建設着工を目指す。 |
| | ・ 3年目を迎える技能実習生の受け入れについて総括を行い、人材採用の方向性について議論を行う、 |
| 4年目 | ・ 新工場運転開始を目指すとともに、人員配置を見直す。増員のための採用方法については要検討。 |
| | ・ 少数株主からの株式の買い取りを達成する。 |
| 5年目 | ・ 新工場稼働による効果と今後の方向性についてレビューを行う。 |

参考資料 「特例承継計画」提出手続関係

（備考）

① 用紙の大きさは、日本工業規格 A4 とする。

② 記名押印については、署名をする場合、押印を省略することができる。

③ 申請書の写し（別紙を含む）及び施行規則第 17 条第 2 項各号に掲げる書類を添付する。

④ 別紙については、中小企業等経営強化法に規定する認定経営革新等支援機関が記載する。


（記載要領）

① 「2　特例代表者」については、本申請を行う時における申請者の代表者（代表者であった者を含む。）を記載する。

② 「3　特例後継者」については、該当するものが一人又は二人の場合、後継者の氏名（2）の欄又は（3）の欄は空欄とする。

③ 「4　特例代表者が有する株式等を特例後継者が取得するまでの期間における経営の計画」については、株式等を特例後継者が取得した後に本申請を行う場合には、記載を省略することができる。

155

（別紙）

## 認定経営革新等支援機関による所見等

1 認定経営革新等支援機関の名称等

| 認定経営革新等支援機関の名称 | ●●商工会議所　印 |
|---|---|
| （機関が法人の場合）代表者の氏名 | 中小企業相談所長<br>△△　△△ |
| 住所又は所在地 | ●●県●●市●－● |

2 指導・助言を行った年月日
　　　平成 30 年　6 月　4 日

3 認定経営革新等支援機関による指導・助言の内容

大半の株式は先代経営者である会長が保有しているが、一部現経営者の母、伯父家族に分散しているため、贈与のみならず買い取りも行って、安定した経営権を確立することが必要。

原材料の値上げは収益力に影響を与えているため、業務フローの改善によりコストダウンを行うとともに、商品の納入先と価格交渉を継続的に行っていくことが必要。原材料価格の推移をまとめ、値上げが必要であることを説得力を持って要求する必要がある。

新工場建設については、取引先の増産に対応する必要があるか見極める必要あり。最終商品の需要を確認するとともに、投資計画の策定の支援を行っていく。

なお、税務面については顧問税理士と対応を相談しながら取り組みを進めていくことを確認した。

参考資料 「特例承継計画」提出手続関係

資料4 中小企業庁「特例承継計画」添付書類

## 特例承継計画の確認申請手続き

### 提出書類

申請に当たって、提出が必要な書類は下記のとおりです。

1. 【様式第21】確認申請書（特例承継計画）
   （原本1部、写し1部）

2. 履歴事項全部証明書

3. 従業員数証明書

4. その他、確認の参考となる書類

5. 返信用封筒

---

1. 【様式第21】確認申請書（特例承継計画書）
   （原本1部、写し1部）
   経営革新等支援機関の指導及び助言を受けた確認申請書を提出してください。
   （記載方法については、「特例承継計画作成の手引き」をご覧ください。）

2. 履歴事項全部証明書
   申請会社の履歴事項全部証明書の原本（確認申請日の前3ヶ月以内に取得したもの）を添付してください。

   ※特例代表者がすでに代表者を退任している場合で、過去に代表者であった旨の記載が履歴事項全部証明書にない場合は、併せてその旨の記載がある閉鎖事項証明書を添付してください。

3. 従業員数証明書
   ※次ページの手順に従って必要書類を添付してください。

4. その他、確認の参考となる書類
   その他、確認の判断ができない場合、参考となる資料を提出いただくことがあります。

5. 返信用封筒
   定形外封筒（返信先宛先を明記してください）を同封してください。

# 特例承継計画の確認申請手続き

## 従業員数証明書について

認定経営革新等支援機関から指導及び助言を受けた日おける常時使用する従業員の数を明記した書類を添付してください（様式自由。下図の例を参考にしてください）。

【従業員数証明書の例】

平成●●年●月●日

従業員数証明書

○○県知事殿

経済産業株式会社
代表取締役　　経済　太郎　（法人実印）

平成○○年○月○日における当社の従業数は○○人であることを証明します。

※１　平成○○年○月○日には、認定経営革新等支援機関から指導及び助言を受けた日付を記載してください。
※２　平成●●年●月●日には、確認申請書を提出する日付を記載してください。

具体的には、以下の資料を使用し確認します。
なお、「従業員数」には役員（使用人兼務役員は除く）及び短時間労働者は含まれません。

### ① 厚生年金保険の標準報酬月額決定通知書

**70歳未満の常時使用する従業員の数を証する書類**です。

日雇労働者、短期間雇用労働者及び当該事業所の平均的な従業員と比して労働時間が4分の3に満たない短時間労働者など、厚生年金保険の加入対象とならない者は常時使用する従業員には該当しません。いわゆる出向や派遣等の場合には、あくまでも厚生年金保険の加入事業所における常時使用する従業員として取り扱います。

厚生年金保険の適用事業所において、70歳未満であり、かつ、従業員として使用されている者（日雇労働者、短期間雇用労働者及び当該事業所の平均的な従業員と比して労働時間が4分の3に満たない短時間労働者等を除く。）は、厚生年金保険の被保険者になります。

また、厚生年金保険の保険料や保険給付額の計算のために、社会保険事務所が毎年7月1日に被保険者の給与を基準として被保険者毎に標準報酬月額を定め「標準報酬月額決定通知書」を発行します。ただし、使用人兼務役員以外の役員であっても被保険者になるため、原則として決定通知書に氏名がある被保険者の人数から使用人兼務役員以外の役員の人数を除いた人数が70歳未満の常時使用する従業員の数となります。

なお、「標準報酬月額決定通知書」発行後における増減については、別途「被保険者資格取得（喪失）確認通知書」等によりその変動を証する必要があります。

158

参考資料 「特例承継計画」提出手続関係

## 特例承継計画の確認申請手続き

## 従業員数証明書について

### ② 健康保険の標準報酬月額決定通知書
**70歳以上75歳未満の常時使用する従業員の数を証する書類**です。
日雇労働者、短期間雇用労働者及び当該事業所の平均的な従業員と比して労働時間が4分の3に満たない短時間労働者など、健康保険の加入対象とならない者は常時使用する従業員には該当しません。

任意継続被保険者は、被保険者であっても加入事業所における雇用の実態がないため、常時使用する従業員には該当しません。いわゆる出向や派遣等の場合にあっては、あくまでも健康保険の加入事業所における常時使用する従業員として取り扱います。

健康保険の適用事業所において、75歳未満であり、かつ、従業員として使用されている者（日雇労働者、短期間雇用労働者及び当該事業所の平均的な従業員と比して労働時間が4分の3に満たない短時間労働者等を除く。）は、船員保険に加入している場合等を除き健康保険の被保険者になります。

また、健康保険の保険料や保険給付額の計算のために、社会保険事務所が毎年7月1日に被保険者の給与を基準として被保険者毎に標準報酬月額を定め「標準報酬月額決定通知書」を発行します。ただし、使用人兼務役員以外の役員であっても被保険者になるため、原則として決定通知書に氏名がある被保険者の人数から使用人兼務役員以外の役員及び任意継続被保険者の人数を除いた人数のうち70歳以上75歳未満の人数が常時使用する従業員の数となります。

なお、「標準報酬月額決定通知書」発行後における増減については、別途「被保険者資格取得（喪失）確認通知書」等によりその変動を証する必要があります。

また、厚生年金保険及び健康保険については、法人事業所はすべて適用事業所となります。また、個人事業所は一部の事業所（従業員が5人未満の個人経営の事業所など）を除き適用事業所となります（厚生年金保険法第6条第1項及び健康保険法第3条第3項）。

### ③ その他の資料
常時使用する従業員の数を証する書類として、原則として、①及び②の書類の提出を求めていますが、下記に掲げるような場合にあっては、2月を超える雇用契約があり給与支給の実績がある、いわゆる正社員並みの雇用実態があることを前提に、それぞれに定める書類を提出することにより常時使用する従業員として取り扱います。
- **75歳以上で厚生年金保険及び健康保険の加入対象外である場合**：2月を超える雇用契約書（正社員並みとしての雇用形態がわかるもの。）及び給与明細書など
- **船員保険の被保険者である場合等**：これらの保険の被保険者資格を証する書類、2月を超える雇用契約書（正社員並みとしての雇用形態がわかるもの。）及び給与明細書など
- **使用人兼務役員である場合**：職業安定所に提出する兼務役員雇用実態証明書、雇用保険の被保険者資格を証する書類、2月を超える使用人としての雇用契約書及び使用人給与明細書など、使用人としての職制上の地位を証する書類

159

# 特例承継計画の確認申請手続き

## 従業員数証明書について（添付書類）

**常時使用する従業員の数は、以下の手順で確認します。**

**手順1**

まず、日本年金機構等から通知を受けた「健康保険・厚生年金保険被保険者標準報酬月額決定通知書」（直近のもの。当該通知の対象になっていない方に係る「（同）改定通知書」を含む。）の写しを添付してください。事業所ごとに通知を受けている場合はすべての事業所について添付します。

**手順2**

次に、上記標準報酬月額決定の手続きをして以降、認定支援機関による指導及び助言を受けた日まで間に被保険者の増減があった場合に日本年金機構等から通知を受けた「健康保険・厚生年金保険資格取得確認および標準報酬決定通知書」の写しまたは「健康保険・厚生年金保険資格喪失確認通知書」の写しを時系列に揃えてすべて添付してください。

**手順3**

手順1及び手順2で揃えた各通知書に記載された方のうち、申請会社の短時間労働者及び役員については、その旨が分かるマークなどを付記してください。
（例：短時間労働者 → 短 ／ 役員→ 役 ／ 使用人兼務役員→ 使 ）

**手順4**

厚生年金保険または健康保険のいずれにも加入対象となっていない従業員（例：75歳以上の従業員）がいる場合には、その方に関する雇用契約書（2月を超える雇用であること及び正社員並みの雇用形態であることがわかるもの）及び給与明細書（贈与の日または贈与認定申請基準日前後のもの）の写しを添付してください。

**手順5**

厚生年金保険または健康保険の加入対象者に使用人兼務役員がいる場合は、使用人としての職制上の地位がわかる書類や、雇用保険に加入している事がわかる書類などを添付してください。

参考資料　特例の認定申請関係

資料5　第一種特例贈与認定申請書の記載例

## 第一種特例贈与認定申請書（様式7の3）の記載の手引き

中小企業者が贈与税納税猶予制度のための知事認定（法第12条第1項の認定：施行規則第6条第1項第11号の事由に係るもの）を受けようとする場合には、当該認定に係る贈与の日の属する年の10月15日から翌年の1月15日までに、所定の申請書及び添付書類を都道府県知事に提出し、認定申請をする必要があります。様式は第7の3を使用し、下記の記載例を参考に作成してください。

【申請書記載例】

これはあくまで1つの例示ですので、併せて経営承継円滑化法施行規則及び申請マニュアル（現在作成中）等も確認ください。なお、認定申請基準年度に該当する事業年度が2期以上ある場合は、別紙1を事業年度ごとに複数作成してください。

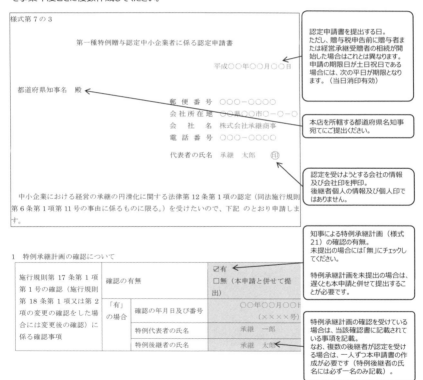

161

2 贈与者及び第一種特例経営承継受贈者について

| 贈与の日 | 平成30年4月1日 |
|---|---|
| 第一種特例贈与認定申請基準日 | 平成30年10月15日 |
| 贈与税申告期限 | 平成31年3月15日 |
| 第一種特例贈与認定申請基準事業年度 | 平成29年1月1日から平成29年12月31日まで |

申告期限の日が日曜日・祝日などの休日又は土曜日に当たるときは、これらの日の翌日が贈与税の申告期限となります。

**第一種特例贈与認定申請基準日**
①～③のいずれかの日をいいます。

| ① | 当該贈与の日が1月1日から10月15日までのいずれかの日である場合（(3)に規定する場合を除く。) | 10月15日 |
|---|---|---|
| ② | 当該贈与の日が10月16日から12月31日までのいずれかの日である場合 | 当該贈与の日 |
| ③ | 当該贈与の日の属する年の5月15日前に当該中小企業者の経営承継受贈者又は経営承継贈与者の相続が開始した場合 | 当該相続の開始の日の翌日から5月を経過する日 |

**第一種特例贈与認定申請基準事業年度**
①～③の事業年度を合わせた期間をいいます。

| ① | 贈与の日からみて直前の事業年度 |
|---|---|
| ② | 贈与認定申請基準日の翌日の属する事業年度の直前の事業年度 |
| ③ | ①と②の間の各事業年度 |

| 総株主等議決権数 | 贈与の直前 | (a) | 1,000個 |
|---|---|---|---|
| | 贈与の時 | (b) | 1,000個 |

| 贈与者 | 氏名 | | 承継 一郎 |
|---|---|---|---|
| | 贈与の時の住所 | | ○○県○○市○○×－× |
| | 贈与の時の代表者への就任の有無 | | □有 ☑無 |
| | 贈与の時における過去の法第12条第1項の認定（施行規則第6条第1項第11号又は第13号の事由に係るものに限る。）に係る贈与の有無 | | □有 ☑無 |
| | 代表者であった時期 | | 平成元年4月1日から平成29年3月31日 |
| | 代表者であって、同族関係者と合わせて申請者の総株主等議決権数の100分の50を超える数を有し、かつ、いずれの同族関係者（第一種特例経営承継受贈者となる者を除く。）が有する議決権数をも下回っていなかった時期(*) | | 平成元年4月1日から平成29年3月31日 |
| | (*)の時期における総株主等議決権数 | (c) | 1,000個 |
| | (*)の時期における同族関係者との保有議決権数の合計及びその割合 | (d)+(e) | 875個 |
| | | ((d)+(e))/(c) | 87.5% |
| | (*)の時期における保有議決権数及びその割合 | (d) | 800個 |
| | | (d)/(c) | 80.0% |
| | (*)の時期における同族関係者 | 氏名（会社名） | 住所（会社所在地） | 保有議決権数及びその割合 |
| | | 承継 花子 | ○○県○○市○○×－× | (e) 75個 |
| | | | | (e)/(c) 7.5% |

申請会社が発行する株式総数に係る議決権の数を記載。自己株式や完全に議決権のない種類株式などは含みません。

贈与税の申告書に記載する贈与者の住所を記載。

過去、贈与者が当該会社の株式を贈与し、事業承継税制の特例の適用を受けているかについて、有無を記載。「有」の場合、二度目の認定を受けることはできません。

代表者が
①代表者であった
②同族関係者と合わせると総議決権の過半数を占めていた
③同族関係者（特例経営承継受贈者となる者を除く。）の中で最も多く議決権を有していた
①～③の全ての条件を満たしていた時期を記載。

(*)の時期のうち、任意の日の状態で、贈与者（先代経営者）及びその同族関係者が保有していた議決権数の合計及びその割合を記載して下さい。
この日における株主名簿の写しを添付してください。

(*)の時期のうち、任意の日の状態で、贈与者（先代経営者）が保有していた議決権数及びその割合を記載して下さい。

162

参考資料 特例の認定申請関係

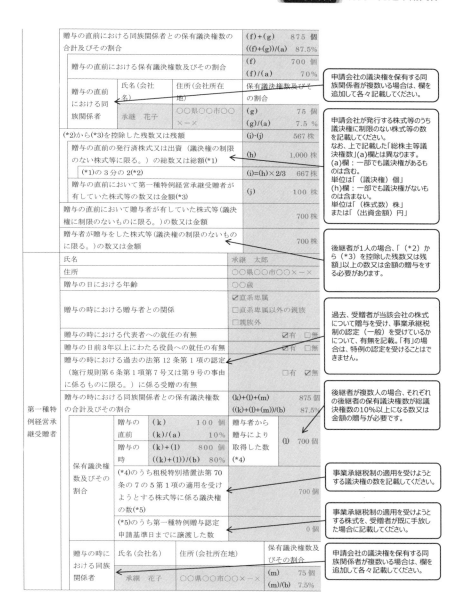

163

3 贈与者が第一種特例経営承継受贈者へ第一種特例認定贈与株式を法第12条第1項の認
　定に係る贈与をする前に、当該認定贈与株式を法第12条第1項の認定に係る受贈をし
　ている場合に記載すべき事項について

| 本申請に係る株式等の贈与が該当する贈与の類型 | ☑該当無し □第一種特別贈与認定株式再贈与　　□第二種特別贈与認定株式再贈与 □第一種特例贈与認定株式再贈与　　□第二種特例贈与認定株式再贈与 | | | |
|---|---|---|---|---|
| | 氏名 | 認定日 | 左記認定番号 | 左記認定を受けた株式数 |
| 第一種特例贈与認定中小企業者の認定贈与株式を法第12条第1項の認定に係る受贈をした者に、贈与をした者（当該贈与をした者が複数ある場合には、贈与した順にすべてを記載する。） | | | | |

「猶予継続贈与」の適用を受ける場合（当該申請会社が過去に納税猶予制度を活用したことがある場合）のみ記載することになります。該当がない場合は「該当なし」にチェックしてください。
※該当する場合には、事前に担当者までご連絡ください。
具体的には次の例のようにケースに応じて記載してください。
（例）
本申請の贈与者：B
本申請の受贈者：C
Bは6年前にA（Bの父）からの贈与を受けた際に一般措置で認定を受け、納税猶予されている場合。

当該株式を2代目であるBが取得した原因に基づき記載することになります。
よって、このケースでは「第一種特例贈与認定株式再贈与」にチェックをしてください。
「猶予継続贈与」については、申請マニュアルをご参照ください。

※この欄は該当がある場合のみ記載して下さい。
「猶予継続贈与」の贈与者に、当該認定贈与株式に該当する株式を贈与した者を記載してください。
（例）
本申請の贈与者：B
本申請の受贈者：C
Bは6年前にA（Bの父）からの贈与を受けた際に一般措置で認定を受け、納税猶予されている場合。

氏名の欄：Aの名前
認定日：AからBの贈与について事業承継税制の認定を受けた日
認定番号：認定を受けた際の文書番号
左記認定を受けた株数：AからBの贈与について納税猶予の認定を受けた株数

参考資料　特例の認定申請関係

## 別紙1の記載例

- 明細を申請書に書ききれない場合等には、別紙（形式自由、A4）を用いても差し支えありません。
- **認定申請事業年度が2期分になる場合には、事業年度ごとに別紙1を複数作成してください。**
- 事業実態要件を満たすことにより、資産保有型会社及び資産運用型会社に該当しない場合には、緑の欄は記載不要です。事業実態があることを証明する書類等を添付してください。

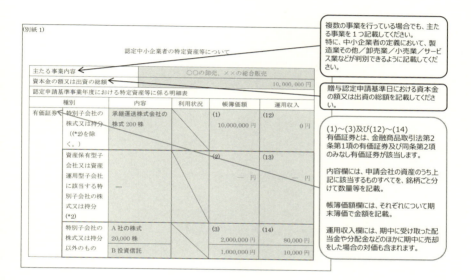

165

| 不動産 | 現に自ら使用しているもの | ○○県○○市○○×ー× | | (4) 100,000,000 円 | (15) 6,000,000 円 |
|---|---|---|---|---|---|
| | | 同上所在の建物 | 本社 | 50,000,000 円 | |
| | | 上記に係る建物付属設備（電気工事一式） | | 500,0000 円 | |
| | | ○○県△△市○○×ー×所在の土地 600㎡のうち3分の2部分 | 営業所及び従業員宿舎 | 120,000,000 円 | 0 円 |
| | | 同上所在の建物のうち 3F～6F 部分 | | 30,000,000 円 | |
| | | 上記に係る建物付属設備（電気工事） | | 1,000,000 円 | |
| | 現に自ら使用していないもの | ○○県△△市○○×ー×所在の土地 600m㎡のうち3分の2部分 | 子会社（承継運送株式会社）へ賃貸 | (5) 60,000,000 円 | (16) 0 円 |
| | | 同上所在の建物のうち 1F、2F 部分 | | 15,000,000 円 | |
| | | 上記に係る建物付属設備（電気工事） | | 250,000 円 | |
| ゴルフ場その他の施設の利用に関する権利 | 事業の用に供することを目的として有するもの | ー | | (6) ー 円 | (17) ー 円 |
| | 事業の用に供することを目的としないで有するもの | Cゴルフクラブ会員権 | | (7) 3,000,000 円 | (18) 0 円 |
| | | Dリゾート会員権 | | 1,000,000 円 | 0 円 |
| 絵画、彫刻、工芸品その他の有形の文化的所産である動産、貴金属及び宝石 | 事業の用に供することを目的として有するもの | ー | | (8) ー 円 | (19) ー 円 |
| | 事業の用に供することを目的としないで有するもの | 絵画 E | 社長室展示用 | (9) 0 円 | (20) 2,000,000 円 |

(4)(15)不動産とは、土地、借地権、建物、建物と一体不可分の付属設備及び建物と同一視できる構築物が該当します。

内容欄には、申請会社の資産のうち上記に該当するものすべてを、所在・面積及び種別がわかるように具体的に記載。

利用状況欄には、申請会社が事業用として使用しているか否かがわかるように記載。
（自ら使用の例：本社、支店、工場、従業員宿舎
　自ら使用ではない例：販売用土地、賃貸マンション、役員住宅、遊休地）

帳簿価額欄には、それぞれについて期末簿価で金額を記載。

運用収入欄には、期中の賃貸料収入などのほかに期中に売却をした場合の対価も含まれます。

(5)(16)同一の土地・建物の中に、自社利用している部分とそうでない部分がある場合は、床面積割合など合理的な方法により按分をして記載。

(6)(7)(17)(18)ゴルフ場その他の施設の利用に関する権利

(8)(9)(19)(20)絵画、彫刻、工芸品その他の有形文化的所産である動産、貴金属及び宝石

において、事業の用に供する目的のものには、例えばゴルフ会員権販売事業者が保有する在庫、古物商や貴金属販売店が保有する在庫（棚卸資産）などが該当します。
他方、接待用で所有しているものは、事業用以外のものに該当します。

参考資料　特例の認定申請関係

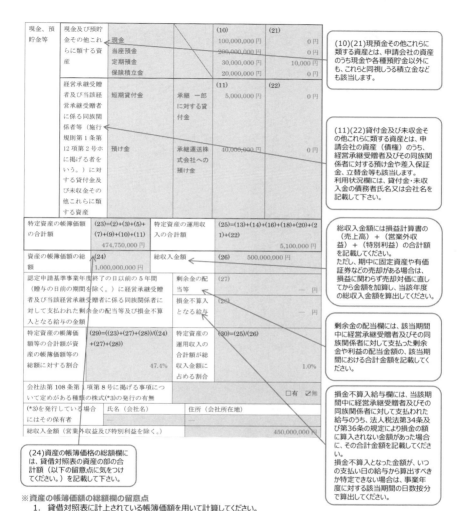

## 別紙2の記載例

（別紙2）

認定中小企業者の常時使用する従業員の数及び特別子会社について

1 認定中小企業者が常時使用する従業員の数について

| 常時使用する従業員の数 | 贈与の時<br>(a)+(b)+(c)-(d)<br>100人 |
|---|---|
| 厚生年金保険の被保険者の数 | (a)<br>95人 |
| 厚生年金保険の被保険者ではなく健康保険の被保険者である従業員の数 | (b)<br>7人 |
| 厚生年金保険・健康保険のいずれの被保険者でもない従業員の数 | (c)<br>1人 |
| 役員（使用人兼務役員を除く。）の数 | (d)<br>3人 |

(a)欄には、厚生年金保険に加入している人数を記載してください。ただし、平均的な従業員と比して労働時間が4分の3に満たない短時間労働者などは含みません。

(b)欄には、厚生年金保険の加入対象外で健康保険のみに加入している人数を記載してください。（例：70歳以上の従業員または役員）

(c)欄には、社会保険加入対象外の常時使用する従業員数を記載して下さい。（例：75歳以上の従業員）
ただし、平均的な従業員と比して労働時間が4分の3に満たない短時間労働者などは含みません。

(d) 欄には、(a)(b)または(e)(f)でカウントした方のうち役員の数を記載してください（申請会社にいる全役員の人数ではありません）。なお、役員とは、株式会社の場合には取締役、会計参与及び監査役を指しますが、使用人兼務役員の方は含みません。

**参考資料** 特例の認定申請関係

2 贈与の時以後における認定中小企業者の特別子会社について

| 区分 | | | 特定特別子会社に 該当 / 非該当 | |
|---|---|---|---|---|
| 会社名 | | | 承継運送株式会社 | |
| 会社所在地 | | | ○○県△△市○○×-× | |
| 主たる事業内容 | | | 運輸業 | |
| 資本金の額又は出資の総額 | | | | 10,000,000 円 |
| 総株主等議決権数 | | (a) | 100 個 | |
| 株主又は社員 | 氏名（会社名） | 住所（会社所在地） | 保有議決権数及びその割合 | |
| | 株式会社承継商事 | ○○県○○町○-○-○ | (b) | 100 個 |
| | | | (b)／(a) | 100 ％ |

贈与の時以後に特別子会社が複数ある場合は、表を追加してそれぞれ記載してください。なお、特別子会社が特定特別子会社に該当するかどうかも記載してください。

それぞれの定義は下記のとおりです。会社法上の子会社の定義とは異なりますのでご注意ください。

## 特別子会社

次に掲げる者により、その総株主議決権数の過半数を保有される会社
(1) 中小企業者
(2) 代表者
(3) 代表者の親族（配偶者、6 親等内の血族及び 3 親等内の姻族）
(4) 代表者と事実上婚姻関係にある者など特別の関係がある者
(5) 次に掲げる会社
① (2) ～ (4) により総株主議決権数の過半数を保有されている会社
② (2) ～ (4) 及びこれと (5) ①の関係がある会社により総株主議決権数の過半数を保有されている会社
③ (2) ～ (4) 及びこれと (5) ①又は (5) ②の関係がある会社により総株主議決権数の過半数を保有されている会社

## 特定特別子会社

次に掲げる者により、その総株主議決権数の過半数を保有される会社
(1) 中小企業者
(2) 代表者
(3) 代表者と生計を一にする親族
(4) 代表者と事実上婚姻関係にある者など特別の関係がある者
(5) 次に掲げる会社
① (2) ～ (4) により総株主議決権数の過半数を保有されている会社
② (2) ～ (4) 及びこれと (5) ①の関係がある会社により総株主議決権数の過半数を保有されている会社
③ (2) ～ (4) 及びこれと (5) ①又は (5) ②の関係がある会社により総株主議決権数の過半数を保有されている会社

資料6 第一種特例相続認定申請書の記載例

## 第一種特例相続認定申請書（様式8の3）の記載例

中小企業者が相続税納税猶予制度のための知事認定(法第12条第1項の認定：施行規則第6条第1項第12号の事由に係るもの)を受けようとする場合には、当該認定に係る相続開始の日の翌日から5か月を経過する日から8カ月を経過する日までの間に、所定の申請書及び添付書類を都道府県知事に提出し、認定申請をする必要があります。様式は第8の3を使用し、下記の記載例を参考に申請書を作成してください。

### 【申請書記載例】

これはあくまで1つの例示ですので、併せて経営承継円滑化法施行規則及び申請マニュアル（作成中）等も確認してください。なお、認定申請基準年度に該当する事業年度が2期以上ある場合は、別紙1を事業年度ごとに複数作成してください。

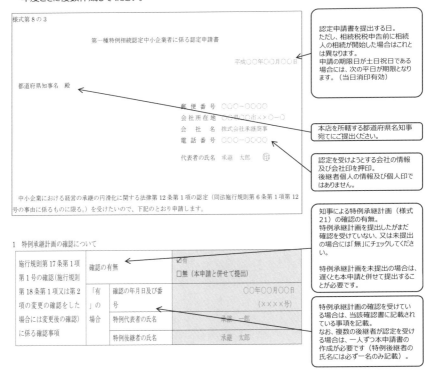

参考資料　特例の認定申請関係

2　被相続人及び第一種特例経営承継相続人について

| 相続の開始の日 | 平成30年1月1日 |
|---|---|
| 第一種特例相続認定申請基準日 | 平成30年6月1日 |
| 相続税申告期限 | 平成30年11月1日 |
| 第一種特例相続認定申請基準事業年度 | 平成29年1月1日から<br>平成29年12月31日まで |

- 相続認定申請基準日とは、相続開始の日の翌日から5カ月を経過する日(応当日)です。
- 申告期限の日が日曜日・祝日などの休日又は土曜日に当たるときは、これらの日の翌日が相続税の申告期限となります。

### 第一種特例相続認定申請基準事業年度
①〜③の事業年度を合わせた期間をいいます。

| ① | 相続開始の日からみて直前の事業年度 |
|---|---|
| ② | 相続認定申請基準日の翌日からみて直前の事業年度 |
| ③ | (1)と(2)の間の各事業年度 |

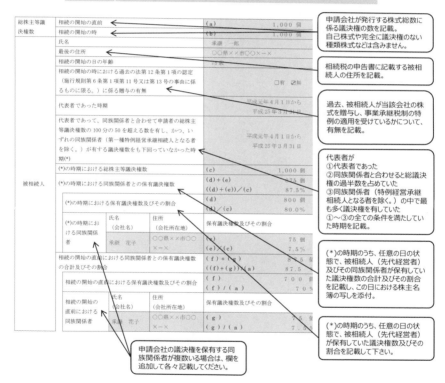

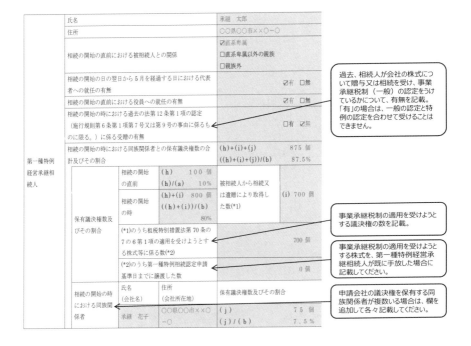

参考資料　特例の認定申請関係

## 別紙1の記載例

- 明細を申請書に書ききれない場合等には、別紙（形式自由、A4）を用いても差し支えありません。
- **認定申請事業年度が2期分になる場合には、事業年度ごとに別紙1を複数作成してください。**
- 事業実態要件を満たすことにより、資産保有型会社及び資産運用型会社に該当しない場合には、緑の欄は記載不要です。事業実態があることを証明する書類等を添付してください。

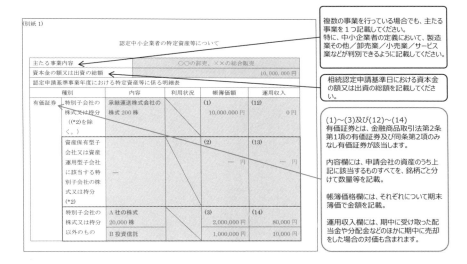

173

| | | | | | |
|---|---|---|---|---|---|
| 不動産 | 現に自ら使用しているもの | ○○県○○市○○×ー× | | (4) 100,000,000 円 | (15) 6,000,000 円 |
| | | 同上所在の建物 | 本社 | 50,000,000 円 | |
| | | 上記に係る建物付属設備（電気工事一式） | | 500,0000 円 | |
| | | ○○県△△市○○×ー×所在の土地 600㎡のうち 3 分の 2 部分 | 営業所及び従業員宿舎 | 120,000,000 円 | 0 円 |
| | | 同上所在の建物のうち 3F～6F 部分 | | 30,000,000 円 | |
| | | 上記に係る建物付属設備（電気工事） | | 1,000,000 円 | |
| | 現に自ら使用していないもの | ○○県△△市○○×ー×所在の土地 600㎡のうち 3 分の 2 部分 | 子会社（承継運送株式会社）へ賃貸 | (5) 60,000,000 円 | (16) 0 円 |
| | | 同上所在の建物のうち 1F、2F 部分 | | 15,000,000 円 | |
| | | 上記に係る建物付属設備（電気工事） | | 250,000 円 | |
| ゴルフ場その他の施設の利用に関する権利 | 事業の用に供することを目的として有するもの | | | (6) ― 円 | (17) ― 円 |
| | 事業の用に供することを目的としないで有するもの | C ゴルフクラブ会員権 | | (7) 3,000,000 円 | (18) 0 円 |
| | | D リゾート会員権 | | 1,000,000 円 | 0 円 |
| 絵画、彫刻、工芸品その他の有形の文化的所産である動産、貴金属及び宝石 | 事業の用に供することを目的として有するもの | | | (8) ― 円 | (19) ― 円 |
| | 事業の用に供することを目的としないで有するもの | 絵画 E | 社長室展示用 | (9) 0 円 | (20) 2,000,000 円 |

(4)(15)不動産とは、土地、借地権、建物、建物と一体不可分の付属設備及び建物と同一視できる構築物が該当します。

内容欄には、申請会社の資産のうち上記に該当するものすべてを、所在・面積及び種別がわかるように具体的に記載。

利用状況欄には、申請会社が事業用として使用しているか否かがわかるように記載。
（自ら使用の例：本社、支店、工場、従業員宿舎
自ら使用ではない例：販売用土地、賃貸マンション、役員住宅、遊休地）

帳簿価格欄には、それぞれについて期末簿価で金額を記載。

運用収入欄には、期中の賃貸料収入などのほかに期中に売却をした場合の対価も含まれます。

(5)(16)同一の土地・建物の中に、自社利用している部分とそうでない部分がある場合は、床面積割合など合理的な方法により按分をして記載。

(6)(7)(17)(18)ゴルフ場その他の施設の利用に関する権利

(8)(9)(19)(20)絵画、彫刻、工芸品その他の有形文化的所産である動産、貴金属及び宝石

において、事業の用に供する目的のものには、例えばゴルフ会員権販売事業者が保有する在庫、古物商や貴金属販売店が保有する在庫（棚卸資産）などが該当します。
他方、接待用で所有しているものは、事業用以外のものに該当します。

174

参考資料　特例の認定申請関係

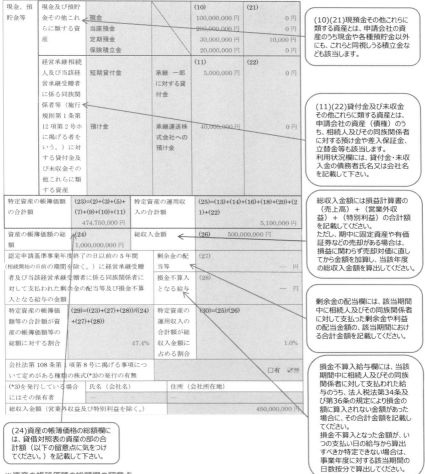

## 別紙2の記載例

（別紙2）

認定中小企業者の常時使用する従業員の数及び特別子会社について

1 認定中小企業者が常時使用する従業員の数について

| 常時使用する従業員の数 | 贈与の時<br>(a)+(b)+(c)-(d)<br>100 人 |
|---|---|
| 厚生年金保険の被保険者の数 | (a)<br>95 人 |
| 厚生年金保険の被保険者ではなく健康保険の被保険者である従業員の数 | (b)<br>7 人 |
| 厚生年金保険・健康保険のいずれの被保険者でもない従業員の数 | (c)<br>1 人 |
| 役員（使用人兼務役員を除く。）の数 | (d)<br>3 人 |

(a)欄には、厚生年金保険に加入している人数を記載してください。ただし、平均的な従業員と比して労働時間が4分の3に満たない短時間労働者などは含みません。

(b)欄には、厚生年金保険の加入対象外で健康保険のみに加入している人数を記載してください。（例：70歳以上の従業員または役員）

(c)欄には、社会保険加入対象外の常時使用する従業員数を記載して下さい。（例：75歳以上の従業員）ただし、平均的な従業員と比して労働時間が4分の3に満たない短時間労働者などは含みません。

(d)欄には、(a)(b)または(e)(f)でカウントした方のうち役員の数を記載してください（申請会社にいる全役員の人数ではありません）。なお、役員とは、株式会社の場合には取締役、会計参与及び監査役を指しますが、使用人兼務役員の方は含みません。

## 参考資料 特例の認定申請関係

2 相続の開始の時以後における特別子会社について

| 区分 | | | 特定特別子会社に **該当** / 非該当 | |
|---|---|---|---|---|
| 会社名 | | | 承継運送株式会社 | |
| 会社所在地 | | | ○○県△△市○○×－× | |
| 主たる事業内容 | | | 運輸業 | |
| 資本金の額又は出資の総額 | | | | 10,000,000 円 |
| 総株主等議決権数 | | | (a) | 100 個 |
| 株主又は社員 | 氏名（会社名） | 住所（会社所在地） | 保有議決権数及びその割合 | |
| | 株式会社<br>承継商事 | ○○県○○市○－○－○ | (b)<br>(b)/(a) | 100 個<br>100% |

相続開始の時以後に特別子会社が複数ある場合は、表を追加してそれぞれ記載してください。なお、特別子会社が特定特別子会社に該当するかどうかも記載してください。

それぞれの定義は下記のとおりです。会社法上の子会社の定義とは異なりますのでご注意ください。

議決権を有する株主(持分会社の場合は社員)を、欄を追加するなどして全て記載して下さい。

相続の開始の時以後で、従業員数が一番多かった時点の従業員の数を記載して下さい。

---

### 特別子会社

次に掲げる者により、その総株主議決権数の過半数を保有される会社
（1）中小企業者
（2）代表者
（3）代表者の親族（配偶者、6 親等内の血族及び 3 親等内の姻族）
（4）代表者と事実上婚姻関係にある者など特別の関係がある者
（5）次に掲げる会社
① （2）～（4）により総株主議決権数の過半数を保有されている会社
② （2）～（4）及びこれと（5）①の関係がある会社により総株主議決権数の過半数を保有されている会社
③ （2）～（4）及びこれと（5）①又は（5）②の関係がある会社により総株主議決権数の過半数を保有されている会社

---

### 特定特別子会社

次に掲げる者により、その総株主議決権数の過半数を保有される会社
（1）中小企業者
（2）代表者
（3）代表者と生計を一にする親族
（4）代表者と事実上婚姻関係にある者など特別の関係がある者
（5）次に掲げる会社
① （2）～（4）により総株主議決権数の過半数を保有されている会社
② （2）～（4）及びこれと（5）①の関係がある会社により総株主議決権数の過半数を保有されている会社
③ （2）～（4）及びこれと（5）①又は（5）②の関係がある会社により総株主議決権数の過半数を保有されている会社

## ●著者略歴

**奥村　眞吾**（おくむら　しんご）

現在、㈱奥村企画事務所代表取締役、税理士法人奥村会計事務所代表社員（近畿税理士会）、OKUMURA HOLDING INC（米国）代表。

上場会社をはじめ医療法人、公益法人、海外法人など多数の企業の税務や相続税対策のコンサルタントとして活躍するかたわら、日本経済新聞や朝日新聞などの講師もつとめ、東京、大阪、海外などでも講演活動を行っている。

〈主な著書〉

『事例と関係図でわかる相続税対策としての家族信託』（清文社）

『お金持ちに捨てられる日本―超増税社会を生き抜く知恵』（PHP 研究所）

『グローバル化時代の相続税対策』（清文社）

『東日本大震災をめぐる税制特例』（清文社）

『新しい事業承継対策と税務』（新日本法規出版）

『土地・住宅税制がわかる本』（PHP 研究所）

『災害をめぐる法律と税務』（共著・新日本法規出版）

『よくわかる定期借地権の税務』（清文社）

『ガラ空き時代の貸ビル・マンション経営』（かんき出版）

『アメリカにおける非課税法人の設立手続と税務』（翻訳・ダイヤモンド社）

　など著書、連載多数

〈DVD〉

『富裕層に向けた相続税対策の実践』（清文社）

『海を渡った相続税対策―その狙いと効果』（清文社）

【連絡先】

㈱奥村企画事務所　http://www.okumura.ne.jp

税理士法人奥村会計事務所

・東京オフィス

　〒 103-0023

　東京都中央区日本橋本町 2 - 3 - 15　新本町共同ビル 3 階

　FAX　03-3246-2593

・大阪オフィス

　〒 541-0047

　大阪市中央区淡路町 3 - 5 - 13　創建御堂筋ビル 4 階

　FAX　06-6202-7729

これだけ知れば十分！
法人と個人の新・事業承継税制

2019年3月28日　発行

著　者　　奥村　眞吾 ©

発行者　　小泉　定裕

発行所　　株式会社 清文社
　　　　　東京都千代田区内神田１－６－６　（MIFビル）
　　　　　〒101-0047　電話03（6273）7946　FAX03（3518）0299
　　　　　大阪市北区天神橋２丁目北２－６（大和南森町ビル）
　　　　　〒530-0041　電話06（6135）4050　FAX06（6135）4059
　　　　　URL http://www.skattsei.co.jp/

印刷：大村印刷㈱

■著作権法により無断複写複製は禁止されています。落丁本・乱丁本はお取り替えします。
■本書の内容に関するお問い合わせは編集部までFAX（06-6135-4056）でお願いします。

ISBN978-4-433-62289-3

## 改訂増補 実践 一般社団法人・信託 活用ハンドブック

相続贈与・資産管理・事業承継対策に役立つ！

大阪勉強会グループ
税理士　白井一馬・内藤忠大・村木慎吾
　　　　濱田康宏・岡野　訓　　　　　　著
司法書士　北詰健太郎

「一般社団法人」及び「信託」を活用した実務知識を、税務・法務の両面からコンパクトに収録。制度概要、会計上の取扱い、登記の手続や定款記載例など、必要となる基礎知識に加え、具体事例による実践Q&Aにより実務のポイントを解説。

■A5判312頁／定価：本体2,600円+税

## ○×判定ですぐわかる 資産税の実務

公益財団法人 納税協会連合会 編集部　編

「資産税実務問答集」を底本とし、税務に馴染みの薄い読者にも理解が容易となるよう「○」「×」方式で整理回答。適宜「補足説明」を設け詳細に解説。

■B5判280頁(本文2色刷)／定価：本体2,500円+税

## データベース税務問答集 税navi (zei-navigation)

年間利用料　18,000円+税

各税目の実務取扱いを解説した税務問答集の内容すべてをデータベース化。横断的な検索機能、読みやすいレイアウトでの表示や印刷機能を備えたオンラインツールです。

**収録書籍**
- ○法人税事例選集
- ○減価償却実務問答集
- ○所得税実務問答集
- ○源泉所得税の実務
- ○消費税実務問答集
- ○資産税実務問答集
- ○個人の税務相談事例500選
- ○印紙税ハンドブック

詳細は弊社HPへ → http://www.skattsei.co.jp